JN020821

近代おんな列伝

石井妙子
Ishii Taeko

文藝春秋

はじめに

歴史に学ぶ、という。

しかし、その学ぶところの歴史に、著しい偏りがあるとするならば、そこから得られる知識や反省や教訓は、果たして今の時代を生きる上で、あるいは未来の社会を築く上で、真に有益な灯火（ともしび）となり得るのだろうか。

社会は男性を中心に回っており、男性たちの発言は女性のそれに遥かに勝る。社会の半数を占めるというのに、歴史の中に女性の姿を見ることは、わずかな例外を除いて、ないに等しい。そのような偏った歴史を振り返り、社会の歪（ゆが）みや矛盾を見出すことができるのか。あるいは、改めるべき慣習を伝統だと強弁し、同じ過ちを繰り返すことになりはしないか。

強者の歴史を振り返るよりも、記録に残されることの少ない女性たちの生の軌跡に目を向けたいと思う理由はここにある。

男性たちが形づくってきた現代社会は、今、息切れし、行き詰まりを見せている。

時の為政者をはじめ、社会を牽引する男性たちの口から、女性活躍、女性が輝く社会といった浮ついた言葉が突如、発せられるようになるのは、約三十年に及んだ平成という時代が終わる頃のこと。

加えて昨今では、「子育て支援」の名のもとに、女性たちに出産を促そうとする動きまでも現れた。そこには日本が迎える超高齢化社会における諸課題を、女性の労働と出産によって補塡しようという思惑が見え隠れする。しかし、政府による「政策」は口当たりが良いだけの場当たり的なもので、いつまでも効果は現れてこない。何か根本的なものが欠落しているのではないか。

なぜ、女性の社会進出が遅れるのか、なぜ責任を分かち合えないのか、なぜ産まないのか、なぜ産めないのか。それらを、心から理解しようとするならば、女性たちの置かれてきた歴史の中に目を向け、その理由を謙虚に探り出す姿勢が不可欠であり、それを省いて有益な政策は打ち出せない。さらには女性の来し方を知ることで、むしろ生き方や考え方を今、改めるべきは女性でなく、男性たちであるということにも気づかされるのではないか。

日本の近代史は、政治、経済、文化、あらゆる方面で成果を残した男性たちを中心に語られてきた。だが、こうした男性の物語の陰に生きた女性たちの人生から近代の過程をたどったならば、そこから見える景色はまるで違ったものとなる。

近代化の名のもとに日本社会は大きく変わったが、女性たちにとっては必ずしも封建制度からの解放とはならず、近代国家の形成と発展の名の下に、かえって自由を奪われていった。

本書に取り上げたのは、男性たちの功績の陰に隠された女性たちの一生である。男性社会の中で虚像をまき散らされた女性、ハンディを背負いながらも才能を花開かせた女性、近代に翻弄された女性と様々だ。だが、どんなに成功を収めたとされ、男性たちに賞賛される女性であっても、敗者の面影が見え隠れする。

登場するのは、遠い歴史上の人物ではなく、明治から昭和を生きた、実在の女性たちで、私にとっては曾祖母、あるいはその一つ、二つ上の世代にあたる。

祖父母までは一生の上で出会うことができても、曾祖父母となると難しい。実際には会うことの叶わなかった人々。だが、面影を伝え聞くことができ、その息吹がまだ生々しく感じられる人々である。

近代を生きた女性たちは、何を思い、何に悩み、喜び、生きたのか。彼女たちの精神に触れることができたならば、また違った歴史も見えてこよう。

近代おんな列伝◉目次

第3章

天皇家に仕えた女たち

第4章 社会に物申した女たち

第5章 才能を発露した女たち

第6章

世界に飛躍した女たち

装画
甲斐荘楠音
「女人像」
装丁
征矢武
DTP制作
エヴリ・シンク

第1章

政治を支えた女たち

高須久子

1817—不明

吉田松陰が思いを寄せた女囚

野山獄跡

　吉田松陰は思想家、兵学者、教育者として幕末を生きた人物。彼が主宰した松下村塾では、久坂玄瑞（くさかげんずい）、高杉晋作、伊藤博文、山縣有朋らが学び巣立った。明治維新をなし遂げた幕末の志士たちの、精神的指導者である。

　文政十三（一八三〇）年、長州の城下町、現在の山口県萩市に松陰は生まれた。中級武士であった生家の杉家から、叔父である山鹿流（やまがりゅう）兵学師範の吉田大助の家へ養子に出され、幼い頃から学問を徹底的に叩き込まれて育つ。

　好奇心旺盛で早熟な秀才であった彼は、清国が阿片戦争で敗れたことを知って、山鹿流兵学の限界を悟り、最新の情報と知識を求めて江戸に遊学。佐久間象山（しょうざん）に弟子入りし、新しい学問を貪欲に学んだ。

　折しも嘉永六（一八五三）年、アメリカからペリー提督が浦賀へ黒船に乗ってやってくる。この時、沖合に浮かぶ大きなクジラのような黒船を遠眼鏡で見て驚嘆した松陰は、西洋国をこの目で見たいと、強く欲した。それにはペリーに直訴し、アメリカに連れて行ってくれと直談判するしかない。そう考えて、翌年、ペリーが和親条約を締結するため再びやってきた時、下田沖に停泊していた黒船に、岸から小舟を漕いで近づいていった。

黒船の乗員は、小舟から乗り移ってきた日本人を見て戸惑いながらも船上に引き上げる。すぐに日本語がわかる通訳が出てきて、松陰の対応にあたった。松陰はアメリカ人通訳に必死で訴えた。

「アメリカで学びたい。このまま忍ばせて欲しい。日本に送り返されては密航の罪で死刑になってしまう」

だが、アメリカ側は検討した上で松陰の申し出を断り、追い返した。やむなく岸辺に戻ると、松陰はその足で自ら下田奉行所に密航を企てたものの失敗したと報告。密航の罪は重く江戸に送られ伝馬町（てんまちょう）の監獄に入れられた。だが、川路聖謨（としあきら）らの嘆願もあり死罪は免れ、松陰は長州に送り返されるのだった。

困ったのは長州藩で幕府の手前、寛大に処すわけにはいかない。かといって、死罪とすることもできない。結果、松陰は武士が入れられる監獄、野山獄（のやまごく）に送られた。

当時、野山獄にいた囚人は十一人。そのうち大半は罪人というよりも、親族から疎（うと）まれ、謀（はか）られて、獄に送られてきた者たちだった。背負う事情は様々で、松陰はそれぞれから事情を聞いて涙したという。やがて、彼らを集めて獄内で講義をするようになり、皆で句会も開いた。野山獄はさながら松陰の私塾のようになっていく。

このような環境下、彼はある女性と運命的な出会いを果たす。女性の名は高須久子。久子は野山獄における、たった一人の女囚であった。松陰よりも一回り年上で当時、三十七歳前後だったとされる。

それにしても、なぜ、久子は女の身で獄に送られたのか。

高須家の跡取り娘であった久子。彼女は、婿養子を迎えて高須家を継いだが、夫に先立たれて、若くして寡婦（かふ）となる。久子は和歌や詩歌、音曲（おんぎょく）を好み、とりわけ三味線の音色を愛した。そんな彼女は夫の死後、男性の三味線弾きたちを家に招き、その演奏に耳を傾けることがあった。演奏が終わると彼らに酒や食べ物を出し、もてなしもした。彼らは河原乞食と言われ、卑しきものとして差別されていたが、久子は気にしなかった。

一方、親族たちは「そうした人間と付き合うとは武家の寡婦にあるまじきこと」「家門の恥」「藩主に知れたら処分を受ける」と久子を責めた。だが、久子は考えを改めず、その結果、親族たちに「乱心した」と理由をつけられ、野山獄へ送り込まれ、死ぬまで獄から出られぬ身とされたのだった。

そんな久子と松陰は、獄中で心を通わせていく。だが、安政二（一八五五）年、松陰は罪を許されて、獄から出ることに。別離することになったこの時、久子が詠んだとされる句がある。

鴫（しぎ）立つてあと寂しさの夜明けかな

鳴には松陰の字（あざな）である「子義」をかけていると言われる。

野山獄から実家に戻った松陰は、叔父がやっていた松下村塾を受け継ぐ。下級武士や町人も受け入れ、塾は評判となった。

塾で学んだ若い弟子たちは、次々と江戸や上方へ行き、大きく羽ばたいていった。密航を企てたほどだ。松陰もどれほど、萩から飛び出したいと思っていたことか。だが、謹慎の身で、藩外に出ることは許されていなかった。

だからこそ思いが鬱積していったのだろう。松陰の思想は次第に過激化し、江戸や京都に向かった弟子たちに、老中暗殺計画を打ち明け、藩に武器弾薬の提供を求めるに至る。さらには暗殺を実行しようとしない弟子たちに苛立（いらだ）ち、絶縁状を送りつけることもあった。こうした松陰の行動を危険視した長州藩は、再び彼を野山獄に入れる。

三年ぶりに松陰は久子と再会。武士階級に失望した松陰は、「草莽崛起（そうもうくっき）」を盛んに主張するようになる。

革命をなすに武士階級をあてにするのはやめ、在野の志ある者を集めて決起すべきである――。身分制度を廃止すべきという考えには、差別されるものとの交流をやめずに獄へと送られた久子からの影響もあったのだろうか。

安政六（一八五九）年、松陰は取り調べのため江戸幕府に召喚された。死出（しで）の旅路となるであろうことは、本人も周囲もわかっていたのだろう。久子は汗拭きとなる手ぬぐいを餞別（せんべつ）として松陰に渡した。松陰はその礼に歌を詠む。

箱根山越すとき汗の出でやせん　君を思ひてふき清めてん

野山獄を出立する別れの朝には久子が、松陰に句を贈った。

手のとはぬ雲に樗の咲く日かな

樗とは香気を放つ梅檀の別名。手の届かぬところにある雲と樗に松陰を重ねている。なぜか明るさが漂っているのは、周囲の目を気にしてのことか。それとも、松陰への心遣いか。松陰は、「高須うしに」とわざわざ前置きし、これに返した。

一聲をいかで忘れん郭公

松陰は江戸で詮議され、黙っていればいいものを自ら暗殺を計画したと語った。弟子たちの心を動かし、革命を起こさせるには、自分が処刑されるという一事が必要であると判断してのことか。

安政六（一八五九）年、暗殺を企てた罪で松陰は刑場の露と消える。満二十九歳の人生。辞世の和歌はつとに知られている。

身はたとひ武蔵の野辺に朽ちぬとも　留め置かまし大和魂

強烈な尊王思想の持ち主であり、過激な行動を厭わなかった松陰を誉めそやす気持ちは、私にはない。だが、松陰の思想も人生も、彼の死後に歪(ゆが)められていった部分が多分にあるのかもしれない、とも思う。

松陰の弟子によって明治の国家づくりがなされる中で、松陰は神格化されていった。その結果、久子の存在は意図的に消されていったように見える。

辞世の和歌は何か作意が過ぎるように感じられてならない。久子との交流、両者の間で交わされた素朴な句や和歌に、私はむしろ心惹かれる。

勝民子

１８２１―１９０５

勝海舟を拒否した正妻

　勝海舟は、時代劇では常に二枚目の役どころ、江戸っ子の旗本として描かれる。だが、実際は代々の武士として生まれた人ではない。
　勝の曾祖父にあたる銀蔵は越後（新潟県）の貧しい農家に生まれた盲人で、江戸に出て金貸し業を営んだ。幕府による一種の福祉政策として盲人に金貸し業が許可されており、銀蔵は大名への貸付などで財を成して三十万両もの遺産を残した。末子の平蔵はその遺産で旗本の養子になったという。その頃、すでに風紀が乱れ、武士の身分が金で売買されるようになっていたのだ。
　にわか武士となった平蔵は、さらに自分の息子である小吉を旗本の勝家に養子入りさせる。この小吉の長男が、勝麟太郎（勝海舟）である。武士という階級に強い憧れを抱いた農民がその身分を手にする。憧れがある分、彼らのほうが武士らしくあろうとする。だからこそ小吉も息子を剣術に励ませ、厳しく育てた。旗本であっても無役でわずかな収入しかなかったため、生活は貧しかったが、勝は剣術だけでなく、禅、蘭学を学び、佐久間象山のもとにも通った。何とか出世の機会を摑みたいと考えていたのだろう。その後、兵法学と蘭学の私塾を開くが、生活は赤貧洗うが如きありさまで、天井板まで薪にし、雨露もしのげない悲惨なものであった。

そんな厳しい生活を支えたのが、妻のお民だった。

お民は、砥目屋という薪問屋兼質屋の娘として生まれたが、その後、深川で芸者をしていたといわれる（諸説ある）。

結婚した時、勝は二十三歳、お民は二歳年上だった。夫が自宅で翻訳をし、蘭学を教授する貧しい生活の中で、お民は生計をやりくりしながら、夢子、孝子、長男の小鹿（ころく）を産み育てていく。

ペリー提督が黒船を率いて浦賀沖に現れるのは嘉永六（一八五三）年のこと。アメリカに武力をもって開国を迫られ、対応に苦慮した幕府は、この時、身分階級を問わず、広く意見書を集め、勝はこれに応募。すると、その意見書「海防論」が老中、阿部正弘の目に留まった。そこからさらに、海防掛で目付の大久保忠寛に取り立てられることになり、人生が拓けていく。

黒船来航後、江戸幕府はオランダ商館長に勧められ、長崎に海軍士官養成のための教育機関として海軍伝習所を開設し、勝は大抜擢（だいばってき）されて赴任。現地ではオランダ軍人から船の操縦法を学んだ。オランダ語ができたため、オランダ人教官の通訳も兼ねていたという。

製茶輸出貿易で巨万の富を得た女傑、大浦お慶の屋敷に出入りしたのは、この長崎時代である。

長崎で五年を過ごし、江戸に戻るのだが、出世を果たした勝は、それに伴い女性関係が乱れていった。

長崎では梶玖磨（お久）という年若い未亡人と関係して子どもも得たが、江戸に引き取り、お民に育てさせている。

安政七（一八六〇）年、幕府はアメリカに日米修好通商条約の批准書交換に幕府使節団を派遣することに。使節団長は新見正興、副使に村垣範正、目付に小栗忠順。彼らは正使として、アメリカ海軍のポーハタン号に乗ったが、護衛艦として咸臨丸が随行。こちらには軍艦奉行の木村喜毅と勝、それに福沢諭吉やジョン万次郎らが乗った。勝は初めて、「西洋」を目撃し、その文明に衝撃を受ける。

帰国後、軍艦奉行となった勝は、神戸を国際貿易の拠点とするべきと主張。幕府から許可がおり、神戸海軍操練所を作り、私塾も始めた。塾には薩摩や土佐の脱藩浪人も受け入れたため、その後、この人脈が生かされることになる。

戊辰戦争が起こり、幕府の敗色が濃くなると彼は幕府の代表者として、敵である官軍と向き合う。官軍側の大将となった西郷隆盛と、江戸城の無血開城を取り決める直接交渉を行ったのだ。

なお、この無血開城には薩摩藩主の娘で将軍徳川家定に嫁いだ天璋院篤姫、同じく皇女で将軍徳川家茂の御台所となった和宮の果たした役割の大きさを忘れてはならない。

維新後もこうしたことから、勝は薩長が中心となった新政府に取り立てられ、伯爵の地位を得るのである。

一方、勝の女性遍歴は、相変わらず放埒(ほうらつ)を極めていた。家に置いた女中や、手伝いに来た女性たちに次々と手を出す癖が抜けなかった。お糸、お米、おかね、おとよ……。生まれた子どもはすべて正妻であるお民が自分の子として引き取り、生みの母はそのまま女中として奉公を続けた。妻妾(さいしょう)同居の生活である。お民の心中も複雑だったろうが、生みの母たちも辛い思いをしたのではないか。

勝は、「俺と関係した女が一緒に家で暮らしても波風が立たないのは女房が偉いから」などと吹聴していたが、そう言って機嫌を取れば、「波風が立たない」と甘く見ていたのだろうか。民の本心を、わかってはいなかった。

勝が七十五年の生涯を閉じるのは、明治三十二（一八九九）年。お民はその六年後に亡くなるが、死に際にある遺言を残す。

「夫と一緒の墓には入りたくない。小鹿(ころく)の隣に埋葬してくれ」

小鹿はお民が産んだ男児で、勝にとっても、たった一人の跡取り息子だった。親の期待を背負って小鹿はアメリカのラトガース大学に留学。さらにアナポリス（海軍兵学校）を卒業して帰国し、日本海軍に入った。勝夫妻にとっては、自慢の息子であったのだろう。ところが、明治二十五（一八九二）年に三十九歳の若さで両親よりも先に亡くなってしまう。

小鹿には男子はおらず、娘の伊代子しかいなかった。小鹿が亡くなったこともあり、勝は徳川慶喜の十男である精を婿養子に迎えて伊代子と結婚させる。「勝」姓を名乗るのは、正妻である民の直系のこの子孫だけで、民以外の女性たちが産んだ子どもには、「勝」を名乗らせなかった。これは勝の意志だったのか、民の意志だったのか。

長崎の現地妻であった梶玖磨が産んだ息子は、勝にとっては三男だったが、故に名は「梶梅太郎」である。後、この梅太郎はアメリカ人で明治政府のお雇い外国人として来日したウィリアム・ホイットニーの娘、クララと国際結婚をするが、勝の死去後、クララは夫を日本に残してアメリカに帰国する。

お民は明治三十八（一九〇五）年に八十四歳の生涯を閉じたが、遺言どおり早世した息子の隣に埋葬された。だが、昭和二十八（一九五三）年、子孫の手により、夫の隣に移される。果たしてお民は、墓場の下でどう思っていることだろう。安らかに眠れているのだろうか。

大浦お慶

1828—1884

維新に裏切られた女

日本茶を欧米に売り込み、巨万の富を築いた女性が幕末にいた。

大浦お慶、と言われた。

江戸時代、オランダとの交易を唯一、許されていた土地。それが幕府直轄地の長崎にある出島であった。

西洋文化が到来するこの国際都市に、大浦お慶が生まれるのは文政十一（一八二八）年。まさに出島に滞在中の医師フィリップ・フランツ・フォン・シーボルトが日本地図を持ち出そうとして国外退去処分を幕府に下される、「シーボルト事件」が起こった年だ。

お慶の生家は長崎に代々続いた大店（おおだな）の油問屋。祖父の大浦大右衛門は、利発な孫娘に家を継がせたいとの思いから、商人仲間の賀古市郎右衛門の次男、大五郎を養子に迎え、将来はお慶と結婚させようと考えていた。

ところが、お慶が九歳の時、十歳年長の大五郎は、あっけなく流行病（はやりやまい）で亡くなってしまう。さらに大黒柱であった祖父も天保十（一八三九）年に逝去。家を継いだ父には、大店を維持していくだけの才覚はなかった。さらに不幸は重なり、天保十四（一八四三）年、長崎一帯を焼き尽くす大火が起こり大浦家の家屋敷や財産は、すべて灰に。

お慶はこの時、焼け跡に立ち、大浦家を自分の手で再興させると誓った。一生、結婚はしない、すべてを家業に捧げる、と。その後、ひたすら商いに邁進。確かに彼女には祖父が見込んだとおりの商才があった。

お慶は、国内だけでなく、海の向こうを見ていた。

折しも隣国の清では阿片戦争が起こる。それまでイギリスは大量の茶葉を中国から輸入していた。ならばこの両国が戦争状態となった今こそ、日本のお茶を西洋に売り込むチャンスなのではないか。お慶は行動した。

肥前の国（今の佐賀県）に出向いて「嬉野茶」を仕入れると、出島にいたオランダ商人のテキストルに会い、見本として茶の葉を手渡し、こう頼んだ。

「イギリスやアメリカ、アラビアに輸出したいので、この茶葉を外国で宣伝してくれ」

ペリー提督が黒船で浦賀沖にやってきて幕府に開国を迫るのは嘉永六（一八五三）年六月だが、彼女がテキストルに茶葉の交渉をしたのは、同年八月のことであった。

それから三年が過ぎた安政三（一八五六）年、見知らぬイギリス人の商人が茶葉を手に、お慶のもとへやってくる。

彼は、ウィリアム・ジョン・オールトと名乗った。グラバー邸で有名なグラバーよりも、三年早く長崎にやってきたイギリス商人である。オールトは、お慶に会うと、「これを買いたい」と茶葉を見せた。それは三年前、お慶がテキストルに渡した茶葉だった。オールトからお慶は大量の注文を受けた。一説には「十万斤ほど買いたい」と。しかし、そんな量はとても簡単には集められない。当時の九州では茶葉は農家が片手間に栽培するもので、それだけを専業とする農家はなかったのだ。

その上、外国との通商条約もまだ結ばれてはおらず、仮にオールトと取引をするにしても、相手に手付金を要求することは難しい。大量の茶葉を買い集めても約束を反故（ほご）にされてはおしまいだ。だが、お慶はここで勝負に出る。オールトの言葉を信じて九州地方を駆けずり回り、茶葉を大量に仕入れたのである。

翌年の収穫期に、オールトは長崎にやってきた。そして、お慶の集めた約一万斤（約九トン。一万斤は約六トンだが、お慶は一斤約九百三十グラムと見積もった）の茶葉をすべて買い取った。

当時、外国人商人の間には、「日本人は約束をきちんと守らない」「日本人は物事をはっきりと取り決めない」という不満の声があったという。そんな中で、お慶は期日も勘定もはっきりと口に出して約束を守る。オールトらはお慶を高く評価し、ビジネスパートナーとして手を組んだ。

お慶は初めは茶葉を買い集めていたが、その後、自ら生産に乗り出していく。茶畑を開拓し、製造工場まで立ち上げ、茶製造を地場産業として成長させていったのだ。その結果、生糸と並んで日本茶が、長崎では輸出品目の筆頭を占めるまでになった。お慶は莫大な富を築き、長崎でも指折りの大商人となる。大浦家再興の夢を見事に果たしたのだ。

富豪となったお慶の屋敷には、様々な人間が集まってくるようになった。時は幕末の動乱期である。幕臣の勝海舟から、尊王攘夷派の志士である大隈重信、松方正義、陸奥宗光、坂本龍馬まで。彼らはお慶の屋敷や工場を密談の場にし、寝泊まりもし、金の無心もした。

グラバーのようなイギリス商人から武器を購入する際には、お慶に仲介を頼み、資金もお慶にすがった。海援隊をはじめ、志士たちのパトロン的な存在となったのだ。

やがて戊辰戦争が終わり、徳川幕府が倒された。お慶が支援した志士たちは、晴れて明治政府の高位高官となる。ところが、彼らを支えたお慶は逆に、明治という新時代を迎えて没落を余儀なくされた。

その第一の原因は、日本を代表する貿易港が長崎から横浜に移されたことに起因した。お慶が思い切って長崎から東京に出ていれば、また違った後半生があったのかもしれない。三菱の岩崎弥太郎のように、明治政府の政商となることも可能であったろうか。お慶が男であれば、そうした選択もあったのだろうか。いや、大浦家の再興を願って努力を重ねたお慶には、長崎以外の土地へ出ていく気持ちは一片も、なかったのかもしれない。

時代に取り残されていく寂しさの中、心の隙をつかれたのであろう。お慶はある事件に巻き込まれてしまう。

出島で通詞（つうじ）（通訳）をしていた品川藤十郎とは、古くからの知り合いだった。オランダ人テキストルやイギリス人オールトとの商談でも、品川はお慶のために通訳を務めてくれた。その古馴染みの品川から、元熊本藩士の遠山一也を紹介され、「日本製の煙草をオールト商会に売りたいので保証人になってくれ」と頼まれて、お慶は快諾してしまう。ところが、これは初めから仕組まれた罠だった。遠山たちはオールト商会からの手付金を手にしながら、煙草を一向に納めなかったのだ。

お慶はオールト商会から、遠山とともに訴えられ、裁判の結果、巨額の賠償金を支払うように命じられる。判決はお慶に不当に厳しいものであったが、誇り高い彼女は全財産をはたいて、長崎商人の意地を見せて清算した。

お慶も新しい時代の到来を夢に見たひとりだったはずだ。だからこそ、彼女は志士たちを金銭的に助けもしたのだろう。だが、開かれた扉の先に、彼女の居場所はなかった。

彼女が商人として生き生きと活躍できたのは江戸時代までで、文明開化が叫ばれた明治以降ではなかったのだ。なんという皮肉な結果であろう。

お慶は、明治十七（一八八四）年、五十五歳の生涯を閉じた。後、伊藤痴遊という政治ジャーナリストが『大浦のお慶』という講談本を書き、お慶のことを淫乱な男好きとして世に広めた。死してなお、男たちは彼女を消費し、利用したのだった。

高場乱

アジア主義を生んだ女志士

1831—1891

平成に入ってからというもの何をもって保守というのか、よくわからなくなった。右翼、左翼と簡単に口にして議論を深めることなく済ませているが、その定義もまた、はっきりとはしない。天皇という権威と日本の伝統を重んじるものを右翼、権威や権力に批判的で伝統に縛られないものを左翼とするのか。アメリカに追随し、中国や韓国を蔑視、敵視することが「右派」「保守」「愛国」なのか。

「右翼の親玉」「右翼団体玄洋社（げんようしゃ）の主導者」と紹介される頭山満（とうやまみつる）。戦前にいくつもの重大事件に絡んだ玄洋社を率いた彼は、では、どのような人物であり、彼が主導した玄洋社とは、どのような団体であったのか。

結論から言えば、玄洋社は、「血塗られた秘密結社」などではなかった。イスラエルのモサドやソ連のKGBのような情報機関でもなく、テロ集団、スパイ組織でもない。その実態は旧福岡藩士によって作られた、アジア主義を掲げた思想団体だった。だが、だからこそアジアの団結を訴えて欧米に対抗する立場を取った玄洋社や頭山に対して、占領軍アメリカはこれを敵視し、「軍国主義を推し進め満洲事変や日中戦争で黒幕として働いた『大陸侵略の先兵』」だとして断罪したのだった。結果、戦後の日本社会には、こうした玄洋社の誤ったイメージが流布するのである。

　実際の玄洋社の思想はむしろ真逆で、アジアを蹂躙（じゅうりん）して搾取を尽くす欧米諸国に対して、東洋的な価値観を共有するアジア諸国が連帯することを目標とし、それ故、渡欧経験があり西洋の価値観で日本を変えようとする政治家とは対立する関係にあった。頭山はこう語っている。

「日本と支那とは数千年来、同文同種、地理的にも、民族的にも、人情的にも提携融合しなければならぬ立場にある。（中略）日本と支那とは天の与へた夫婦も同様だ。夫婦は諸外国が羨む位仲がよからねばならぬ筈だ」

　もちろん「連帯」は相手の気持ちを無視すれば、「侵略」となる。だが、彼らの親アジア、反西洋の思いに偽りはなかったことだろう。

　では、こうした彼らの思想はいかにして育まれたのか。長州藩に吉田松陰がいたように、福岡藩にも、指導的人物がいたのだった。その人物こそが、玄洋社の「生みの親」である。そして、それは女性だった。いや変成男子と言うべきか。本人は自分をあくまでも男として認識し、武士として生きたのだから。その女志士の名は、高場乱（たかばおさむ）である。

　高場は天保二（一八三一）年に福岡藩医として広く知られた高場家に次女として生まれた。幼名は養命（ようめい）。だが、父の正山（せいざん）は少女の資質を見て、「国をおさめよ」との思いを込めて乱の名を与えると、彼女を「男にする」と決めてしまい、医学と漢学を教え込んだ。天保十二（一八四一）年に十歳で元服させた際には、藩にも男子として届けを出し、認められて帯刀、男装の許しを得たという。

それにしても江戸時代に、それも男らしさが誉めそやされる九州という土地で、と驚く。だが、実は高場の前にも才気ある女子が男子として生きた例が、この福岡にはあったのだ。詩人として名高い、原采蘋がその先達である。寛政十（一七九八）年生まれで、高場より三十三歳年長。漢学を学び男装して大刀を帯び、旅に明け暮れた漂泊詩人だった。

高場の父はこの先例から、我が娘にも「男」の人生を与えたいと思い立ったのであろう。そんな父の思いを受けて高場は元服後、男言葉を貫き、髪は茶筅に結い、袴姿で馬や牛の背に跨り、医者として往診に出た。小柄な点を除けば、どこから見ても男そのものだったという。また荻生徂徠派の亀井塾で漢学をさらに学んだ。

そんな高場が影響を受けた女性に、尊王攘夷派の歌人として知られた野村望東尼がいる。高場にとっては従姉にあたる。望東尼は高杉晋作ら尊攘派を自宅に匿い逃亡を助けた罪に問われて姫島に流され、老身を海辺の牢屋に繋がれた。だが、高杉の腹心によって救い出されて島から脱出。その後は山口の下関で結核に苦しむ高杉を看病しながら暮らし、慶応三（一八六七）年に高杉が二十七歳で没すると、後を追うように同年、六十一年の生涯を閉じた尼である。

福岡から離れて活躍した原や望東尼のように、高場にも、京都に上って、思う存分、尊王運動に加わりたい、という強い思いがあったようだ。だが、医者として医院から離れることはできず、その夢は果たせなかった。それもあって高場は地元の福岡に根を張り、自分の思想を広め、若者を育てたいと考えるようになるのだった。

明治六（一八七三）年、高場は興志塾（こうしじゅく）を医院に併設。この時、四十二歳だった。かつては福岡藩の朝鮮人参畑であった場所に建てたことから別名、「人参畑塾」とも言われる。教えを乞おうと元福岡藩士の入塾希望者が殺到したが、高場は血気盛んな若者を好んで受け入れ、型にはまらない生き方を奨励した。安政二（一八五五）年生まれの頭山満も、こうした塾生のひとりだったのである。

ちょうど不平士族の不満が爆発し、九州、中国地方で様々な乱が起きた時期に重なり、次第に塾生たちは学問の延長として政治行動を取るようになっていく。とりわけ西郷隆盛が明治政府と対立する姿勢を示すと興志塾の学生たちは、これを支持。西郷に加担するこの動きは「福岡の変」となった。福岡県令（現・県知事）の渡辺清はただちに取り締まりを強化。捕まった者たちは、死罪といった厳しい処分を受けることに。この時、塾生だけでなく高場も囚（とら）われると牢屋に入れられ尋問された。

官憲から、「門弟を取り締まらなかった不行届きで死罪にも値する」と脅されても、高場は少しも動じず、大声で堂々とこう言い返したという。

「拙者の塾生への取り締まりが悪いといわれるならその罪科は喜んでお受けいたそう。しかし、それなら県令渡辺清もその管下から謀反人を出したのは取締不行届きの点では同じであるから、不肖（ふしょう）この高場乱同様、罪科を仰せ付けられるべきであろう。拙者のこの白髪頭と渡辺県令の首をはねた上で、一緒に並べていただきたい」

自分が塾生への責任を負うのであれば、県令もまた、県民の取締不行届きを自分の罪としなくてはならないはずだ、とやりこめたのだ。

高場はその後、解放される。死罪となった塾生もいたが、生き延びた頭山らが、興志塾の同志たちを集めて新たに玄洋社を結党。高場もこれを支援した。

明治二十二（一八八九）年には、元塾生の来島恒喜（くるしまつねき）が大隈重信に爆弾を投げつけ、その場で自害するという事件が起こった。

高場はこの報に接して、来島の短慮を憂いたという。その翌年から体調を崩すが医者でありながら一切の治療を拒み、明治二十四（一八九一）年、五十九歳の生涯を閉じた。

福岡市博多区の崇福寺境内には、頭山満、来島恒喜の墓に並んで、勝海舟の書による墓碑銘が刻まれた「高場先生之墓」が建つ。

もし、初めから男として生まれていたならば、また違った一生があったのであろうか。

マサとうの　高杉晋作「妻妾」の光と影

1845―1922（マサ）
1843―1909（うの）

ヨーロッパではペストの大流行が封建社会を揺さぶり、中世の終焉を招いたとされる。日本でも幕末にはコレラが猛威を振るい、一説にはそれが江戸幕府を瓦解させた遠因になったと言われる。幕府が開国した結果、西洋発の疫病が蔓延した、とされ攘夷熱が高まった、というのだ。

長州藩士の高杉晋作も、尊王攘夷を唱える青年武士のひとりだった。彼は藩命により初めて故郷を出立して江戸に上る途上、大井川付近の村でコレラ患者が迷信深い人々によって袋叩きにされる光景を目撃した、と語り残している。

高杉は天保十（一八三九）年、現在の山口県萩市に生まれた。家は長州藩の名門。父は藩政に与る身であった。その跡取り息子として大事に育てられたが、次第に家庭の封建的な価値観に反抗するようになっていく。

危険思想の持ち主として父をはじめとする上級藩士たちから疑いの目で見られていた松下村塾の主宰者、吉田松陰に心酔し、親に隠れて入塾したのもそれ故のこと。塾ではその出自もあって一目置かれ、次第に頭角を現していった。

　塾では当時、志士の間で流行していた「狂」の字が好まれ、高杉も号を「一狂生」とした。松陰が、「狂士」。塾生仲間の山縣有朋は「狂介」。革新を果たすべく常識に抗うという意味が、この一字に込められていたようだ。

　松陰は生涯、独身を貫き女性とは肌を交えなかったと言われているが、禁欲的な師とは真逆に、弟子である彼らはその点、放縦であった。

　萩を離れて京都や江戸という先進都市を目の当たりにした興奮もあったのだろう。また、命の危険が常に付きまとうため、刹那的に異性を求めるという面もあったのか。尊王攘夷を論じながら、彼らは先々で遊廓やお茶屋に入り浸り、競うように遊女や芸者と関係を持った。

　師である松陰は江戸で詮議を受け処刑されるが、高杉はその時、藩命により親元に戻され、地元の萩にいた。高杉の父は息子の将来を案じ、松下村塾の仲間から引き離そうと考え、結婚をすすめた。相手は萩城下一の美女といわれた、長州藩の名門井上家の娘マサ。高杉は言われるままに、このマサと結婚した。しかし、父の思惑は外れ、美貌の妻を得ても彼の行動は変わらなかった。

　文久二（一八六二）年、幕府随行員として上海に赴いた彼は、欧米人に中国人がこき使われる清の現状を見て衝撃を受ける。帰国すると、西洋と国交を結ぼうとする幕府の方針に、これまで以上に強く反発し、過激な倒幕運動に走った。品川の御殿山に幕府が建設を進めていたイギリス公使館を、弟分の伊藤博文と焼き払ったのも、このような考えに依る。

さらにその後、高杉は、港町の下関で商人や農民も入隊することができる軍隊を結成する。それが奇兵隊である。

幕府の考えに従おうとする長州藩の保守派と戦い、さらには幕府が派遣した長州征伐軍とも戦った。その過程では薩摩藩と手を組み、薩長同盟の締結も成功させている。

忙しさに比例するように、妓楼での遊びも激しさを増していった。下関では毎晩のように酒席に芸者を大勢呼び、どんちゃん騒ぎをしていたという。

その一方で故郷に残した妻のマサには、「裁縫に励み、歌も勉強せよ」「主人の自分に尽くすように（高杉の）両親に孝行を尽くせ」と高みから、教え諭すような内容の手紙を書き送っているのだった。

江戸にも京都にも馴染みの芸者がいたが、江戸の芸者は「高杉さんは静かなお酒だった」と語り残している。江戸から故郷に戻り、奇兵隊を作ってから宴席での過ごし方が変わったのだろうか。

下関では「此の糸（本名うの）」という名の芸者にほれ込み、奇兵隊のパトロンでもあった豪商の白石正一郎に身受けの金八十両を出してもらい、愛妾に。

高杉には風流を愛する洒脱で軟派な一面があり、戯れ唄を即興で作り口ずさんだ。

よく知られた、「三千世界の鴉を殺し、主と朝寝がしてみたい」という都都逸は、高杉の作とされている。朝を告げる鴉の鳴き声が恨めしい、世界中の鴉を殺してしまって、いつまでも、あなたの隣で朝寝をしていたい、と艶めかしい。

保守派に命を狙われ、愛妾うのを連れて四国に逃げ延びた際には、門付の芸人を装って民家の軒先で三味線を爪弾きもしたという。だが、幕府による二度目の長州征伐が行われた頃から、肺病が悪化。寝つくようになる。時代の激動期に療養生活を余儀なくされ思いが鬱屈したのだろう。気難しく短気な病人となった。

うのが必死に看病し、かねてより親交のあった野村望東尼も加わった。この老尼は福岡藩士の娘で尊攘派として知られ、高杉を匿い、流罪にされたこともある人物。歌人としても著名であった。望東尼は、うのと看病にあたりつつ、寝たきりの高杉に和歌を教えた。

やがて、高杉の病が重いことを知って、萩から高杉の両親と正妻のマサが下関までやってくる。妻と愛妾が顔を合わせることになり、全員が気まずい思いをした。その後、自分には居場所がないと悟ったマサは、萩へと去る。

ある日、高杉は自分の死期が近いことを悟り、病床で思わず呟いた。

「面白きこともなき世に（を）面白く」

傍らにいた望東尼が、これに続けた。

「住みなすものは心なりけり」

たとえ面白くないと感じるこの世でも心次第で人生は面白くもなる——。ふたりの合作によるこの一首が、現在、高杉の辞世の句とされている。

高杉は大政奉還を目前にした慶応三（一八六七）年四月、満二十七歳の短い生涯を終えた。残された愛妾うのは、まだ二十五歳。だが、伊藤博文や山縣有朋から、高杉の墓近くに一寺を与えられ、尼となり墓守としてひっそりと生きるように要求される。

うのは高杉と出会い、大きな渦の中に巻き込まれてしまったが、元来はおっとりとした性格で、明るくにぎやかなことが好きな芸妓だったという。

本人は高杉を看取った後は、ふたたび花柳界に戻りたいと願っていた、とも。だが、高杉を尊敬する男たちは、それを許さなかったのだ。

うのが高杉と知り合い暮らした年月は、長く見積もっても四年。しかも、後半はひたすら看病をする日々だった。

一方、正妻のマサが高杉と夫婦らしく暮らした年月も、実質は二年ほどである。マサは武士の妻として高杉の両親に仕えつつ、ひとり息子を育て、大正十一（一九二二）年に没した。享年七十七。

一方、うのには子どももおらず晩年は誰もいない墓地で、ひとり高杉の墓に向かい、三味線を弾き、酒を飲んでいたという。明治四十二（一九〇九）年、没。享年六十七。

維新ファンはふたりの関係を美談として語るが、果たして、うのは自分の人生を「面白く」感じていたのだろうか。

「狂」の男は人生を駆け抜け、死後、維新の英雄とされた。だが、巻き込まれた女性たちの思いは計り知れない。

木戸松子

1843—1886

英傑との愛を貫いた芸妓

京都には現在も島原を筆頭に、祇園、先斗町（ぽんとちょう）、上七軒（かみしちけん）、宮川町といった廓（くるわ）や花街が時代とともに形を変えながらも残っている。だが、中には明治以降に衰退し、往時を忍ばせるものは何もない、という土地もあるのだった。

鴨川の西、丸太町通の北にあった三本木（さんぼんぎ）遊廓も、そのひとつである。今では偲びようもないが、江戸末期には十軒ほどの料亭がこの地に軒を連ね、大勢の芸妓たちが身を置いていた。近くには長州藩邸や薩摩藩邸があり、尊王攘夷派の志士たちも足しげく通った廓だった。

その女性の名は計（かず）といった。生まれは福井県の小浜。父は福井藩の下級武士であったとされる（町人説もある）。だが、何かしらの事情で小浜に居られなくなった父は妻子を置いて京都に出奔し、その後、妻子も後を追いかける。幸い京都で再会を果たしたものの、慣れぬ土地での生活は、苦しかったのだろう。やがて末娘の計が、三本木の芸者置屋に売られ、その後、「幾松」の源氏名を持つようになるのだった。

そんな彼女に座敷で出会い、夢中になった男がいた。後に薩摩出身の大久保利通、西郷隆盛と並び、「維新の三傑」と言われるようになる長州藩の桂小五郎（木戸孝允）である。幾松と桂は、相思相愛の仲に。だが、幾松は芸者の身。しかも、山科の豪商が彼女に入れあげていた。

桂は豪商と張り合い、幾松を買い続けたが、金の力ではとても勝負にならない。すると最後は桂を兄貴分として慕う後輩の伊藤博文が、「手を引け」と豪商の前で刀を抜いて脅し話をつけた、という逸話が残されている。

幕末、京都には尊攘派の武士たちが、主に西国から続々と集まっていた。この流れを危険視した幕府は京都守護職として会津藩主の松平容保を派遣。その配下の組織として新選組が作られた。新選組の募集は江戸で行われたが、武士だけでなく剣術の覚えがあれば町人や農民でも入隊できた。

尊攘派の志士と、それを取り締まろうとする会津藩士と新選組。両者の抗争は激化し、京都の町には血が流れた。町人でも尊攘派の志士を匿えば新選組につかまり拷問されるが、そんな中で幾松は桂を守り続けた。時には自分の家に隠して踏み込んできた新選組の隊員を追い払い、またある時は、橋の下で物乞いに身をやつして潜む桂のもとへ握り飯を届けに行く。命がけの恋だった。

皇女和宮を将軍家に嫁がせるという公武合体案が進められる中、この流れに反対する尊攘派の浪士たちが策略をめぐらしている、という噂をある日、新選組は摑む。京都に火を放ち混乱に乗じて松平容保を殺し、孝明天皇を長州に連れ去る計画を練っている、と。三条小橋にある旅籠の池田屋には今夜、その尊攘派が集まり密議が行われる――。この情報を得た新選組は、その場に踏み込むと決めた。池田屋事件である。

夜が更け、新選組の近藤勇が率いる近藤隊がまず池田屋に乗り込んだ。そこには長州藩、土佐藩、肥後藩の藩士たちが集まっており、まさに謀議の最中と見えた。

新選組の近藤隊は、局長の近藤勇、沖田総司、永倉新八らわずか数名。暗闇の中で壮絶な斬り合いとなったが、その後、かけつけた新選組副長の土方歳三率いる土方隊に助けられ、九名を斬り殺し、多くを生け捕りにした。だが、斬られた者の中にも、捕縛された者の中にも、桂小五郎の姿はなかった。

そこから桂は仲間を見捨てて、屋根伝いにひとり逃げていった、という不名誉な伝説がその後、流されるのであるが、実際には予定の時間よりも早くに池田屋についてしまい、まだ人が集まっていないのを見て出直そうと、その場を離れた結果、難を逃れたものらしい。

池田屋以降、いっそう桂の行方は新選組によって執拗に探索された。京都にこれ以上いては危険だと考えた桂は但馬（兵庫県）に逃げて、潜んだ。その後、幾松も京都を離れると、桂の潜伏先に合流。ともに行動するようになる。

国元の長州でも、幕府に従うべきだという保守派（俗論党）と、討幕を訴える尊王攘夷派（正義派）との対立が激しくなり、藩内は二つに割れて、壮絶な殺し合いが起こっていた。

だが、次第に尊攘派が優勢となり、桂は藩主の命で長州に呼び戻されることに。この時、幕府の処罰要求を恐れた藩主の毛利敬親（たかちか）から、桂は「木戸」の姓を与えられる。以後、桂小五郎改め、「木戸孝允」と名乗るようになる。

戊辰戦争に勝利した結果、桂改め木戸は明治政府の重鎮に。命の恩人である幾松を彼は正式に妻とし、彼女も名を「木戸松子」に改める。

後に維新の三傑とされるまでの出世を果した木戸だが、元は藩医の和田家に生まれ、七歳の時に跡取りのない藩士の桂家へ養子に入った人であり、実父からは、「人よりもいっそう武道に励め」と諭されていたという。

少年は父の言葉に従い、誰よりも「武士らしく」あろうとし、ひたすら剣の道に励み、また吉田松陰のもとでも学んだ。

「武士らしく」ありたい。その思いは、彼とは対立する立場にあった新選組の面々にも、通じるものだった。局長の近藤勇も副長の土方歳三も、元を辿れば多摩地方に暮らす剣術好きな、武士に憧れる農家の青年たちである。だからこそ、新選組の募集に応じて、京都に行った彼らもまた、人一倍「武士らしく」あろうとし、剣の力に頼ったのだった。

戊辰戦争が始まると、新選組に属した彼らは最後まで幕府軍について戦い抜く。だが、近藤は現在の千葉県流山市でついに官軍に捕えられ、斬首され、さらに、その首はわざわざ京都まで運ばれて池田屋に近い三条河原に晒（さら）された。

新選組局長の晒し首を見たさに、多くの町衆が、押し寄せた。だが、そんな中で、心から涙を流し、手を合わせる女性の姿があった。

彼女の名は駒野。本名ではなく源氏名である。奇しくも、松子（幾松）と同じく、三本木遊廓にいた芸妓だった。幾松とは朋輩という関係になる。幾松も駒野も、ともに動乱の世に生まれ、戦う男を愛した。一方は尊攘派の男を、一方は新選組の男を。そして嵐が過ぎ去った時、ひとりは東京で侯爵夫人となり、ひとりは京都で晒し首に涙する女に。だが、その一途な生き方は両者に共通する。

明治と元号が変わっても、世の中は落ち着かなかった。とりわけ武士の身分にあった者たちの間では、それまでの特権が奪われ、不満が大きく膨らんでいく。

明治十（一八七七）年一月、西郷隆盛が新政府についに反旗を翻し、九州で西南戦争が始まる。木戸はすでに体調を崩していたが、自分が討伐に行くと主張し、東京から九州に向けて出立した。だが、途上の京都で病に倒れる。東京から松子（幾松）が駆けつけ、必死に看病をしたが、癒えることはなかった。同年五月、木戸は思い出深い京都の地で逝去。四十三歳だった。

松子はその後、剃髪すると東京には戻らず、京都の三条小橋近くの家で、ひっそりと余生を送り、九年後に亡くなる。享年四十四。夫婦に子どもはなく、木戸の妹の息子、孝正が木戸家を継いだ。その息子が昭和天皇の側近でありながら、東京裁判で終身刑となった木戸幸一である。

一方、近藤の晒し首に涙を流した駒野には子どもがいたとされるが、母子のその後の人生は定かではない。

伊藤梅子

1848―1924

伊藤博文と女太閤

明治政府の高官夫人には花柳界出身者が多い。大半は新橋や京都で占められているが、伊藤博文の妻、梅子が身を置いたのは山口県下関の花柳界だった。

伊藤の女好きは、この時代でも突出していたようで明治天皇にも、「もう少し慎んではどうか」と注意された、という逸話が残されている。だが、梅子と伊藤の絆が揺らぐことは、生涯を通じて一度もなかった。

梅子は山口県下関の生まれ。父親は沖仲仕で家は非常に貧しく、七歳頃に売られて芸者置屋「いろは楼」の養女になった（諸説ある）。

伊藤もまた、同じような出自である。父の身分は武士ではなく、貧しい農民。その後、父は子どものいない足軽の奉公人となり、そのまま養子になるが、そうした出であることから、尊王攘夷を訴えて倒幕運動を展開した長州藩の志士たちの間でも、彼は一段低い出身だった。

しかし、身分を問わずに生徒として受け入れるという理念を掲げていた吉田松陰の松下(しょうか)

村塾で彼は必死に学び、松陰からその才能を愛されるのだった。

その後、松下村塾で長州藩の名門に生まれた高杉晋作に出会い引き立てられて、伊藤の運命は大きく変わる。高杉は伊藤の快活さと何事にも前向きな姿勢を見て、交渉ごとに向いていると見抜き、身分を超えて伊藤を弟分としたのだった。

高杉の推挙によって、伊藤は江戸に出ることが叶い、さらには長州藩がイギリスに派遣する五人の留学生にも選ばれる。この時、英語を現地で学んだことが、後々、幸いする。

伊藤も当初は攘夷を唱え、幕府の開国政策に反対していた志士のひとりだった。だからこそ、松下村塾の仲間と江戸の品川御殿山に建設中のイギリス公使館を焼き討ちするという行動もした。ところが、このイギリス留学を機に彼は考えを大きく改める。

西洋文明を見て、とても勝ち目などないと悟った彼は、関門海峡で外国船を砲撃した長州藩に対して米英仏蘭が報復のため連合艦隊を派遣しようとしていることを知ると、急遽、イギリスから帰国。長州藩主を説得して戦闘を中止させようとするが、力及ばず、長州藩は大敗。伊藤は高杉晋作の通訳として和議を成立させる。

だが、外国人を討つべきと攘夷に燃えていた一部の長州藩士たちは、伊藤のこうした振る舞いを深く恨み、以後、伊藤は「裏切り者」として敵視され、命を狙われるようになる。

そんなある日、攘夷派の長州藩士に見つかり、伊藤は追われ、参拝客でにぎわう亀山八幡宮に逃げ込んだ。だが、相手は複数で追いかけてくる。すると、ごみ溜めの上に茣蓙を敷き、その上に座る少女がいた。とっさに伊藤は、少女をのかせると、ごみ溜めの中に身を隠して難を逃れた。

しばらくして伊藤はごみ溜めから出ると、境内の茶屋で働くこの少女に礼を言った。それが未来の妻となる梅子との出会いであった、という（芸者の梅子を見初めた等、諸説ある）。

少女はその後、下関で芸者「小梅」として売り出され、たちまち売れっ妓に。気が強く酒好きで、高杉にも贔屓にされたが、やがて伊藤と恋仲となる。伊藤には松下村塾の門弟にあたる入江九一の妹、すみ子という妻がいたが離婚して梅子と結婚するのである。

維新後、伊藤は権力の階段を駆け上っていった。梅子も必死で努力し、彼を助けた。伊藤と知り合った時、梅子は読み書きがまったくできなかったという。そんな梅子を励まし、今からでも文字を覚えるようにと勧めたのは、伊藤だった。

伊藤は梅子に手紙を出し、梅子も伊藤に手紙を返した。文字を覚えさせるために伊藤が考えた勉強法だった。伊藤は、梅子の上達に合わせて、初めはひらがなを多用し、少しずつ漢字を増やしていった。伊藤の細やかな気遣いと愛が感じられる。梅子は伊藤の期待に応え、次第に見事な手蹟となる。それだけでなく伊藤の妻としてふさわしい教養を身につけようと、梅子は和歌を佐々木信綱と下田歌子に、英語を津田梅子に学んだ。

梅子は後、皇后と和歌のやり取りを書簡で交わすほどになる。生まれつきの才もあろうが、梅子がどれほど伊藤を思っていたかが偲ばれる。

明治十八（一八八五）年、伊藤は初代総理大臣となり、梅子は総理大臣夫人に。夫婦で鹿鳴館に洋装で出席した際には「場末の芸者が」と陰口を叩く人々もいたというが、彼女は聞き流す。

伊藤との間には一男、二女を得ているが、次女の生子（いくこ）を残し、二児は早世した。一方、夫は総理となってからも次々と女性たちと浮名を流し、子どもを作ることさえあった。梅子は伊藤が他の女性との間にもうけた女児を引き取り、育ててもいる。

その上、伊藤と関係を持つ芸者たちが屋敷にやってくれば自ら歓待した。そんな梅子を世間は、「賢夫人」「婦徳の鑑（かがみ）」と称えたのだった。現代の感覚ではなかなか理解しがたいが、梅子は伊藤がいかに仕事で心身を酷使し、疲れ切っているかを知っていた。だからこそ、伊藤のためになることならばと考えていたようである。

伊藤もまた、当時の日本人男性にはめずらしいほど梅子を立て、感謝の言葉を口にした。梅子が体調を崩したと聞くと、政務を投げ出してでも駆けつけ、「尊敬する人は」と聞かれれば、迷わず、「一に天子様（明治天皇）、二にかか様（梅子）」と答えたという。

そんな梅子は大の愛煙家で、一日中煙管（きせる）を手放すことがなかった。伊藤が見かねて、「少し控えてはどうか」と注意すると、「あなたもお酒を控えるなら」と言い返したという。

さらにもうひとつ、伊藤が眉を顰（ひそ）めた趣味があった。花札である。伊藤の目を盗んでは、西園寺公望（きんもち）や井上馨（かおる）を呼んで興じていたという。

明治四十二（一九〇九）年、伊藤はロシアのココツェフ蔵相と満洲問題を話し合うため、清国内のハルビンを訪問。ハルビン駅で各国領事の歓迎を受け、歩き出したところを銃で撃たれ、その場に倒れた。犯人は安重根(アンジュングン)という名の朝鮮の青年だった。韓国統監であった伊藤は朝鮮の植民地化を進めた張本人であると恨んでの犯行であったとされる。

撃たれた直後の伊藤には、まだ意識があり、犯人が朝鮮の青年だと聞くと、「馬鹿な奴じゃ」と言い残して絶命したと言われる。

梅子は神奈川県の大磯の別邸(滄浪閣)で伊藤の死を知った。その後、弔問客が押し寄せてきたが少しも取り乱さず、冷静に取り仕切った。

梅子の産んだ次女の生子は、伊藤が目をかけていたジャーナリストで後に政治家に転身する末松謙澄(けんちょう)と結婚する。伊藤の死後、梅子の生活はそう楽ではなかったようで、最後は生子に引き取られて、大正十三(一九二四)年に七十五歳で没する。生子にも子どもはおらず、梅子の血を引く直系の子孫はいない。

見果てぬ夢をともに見る。永遠の伴走者――。良家の子女には果たせない胆の据わった女が、初代総理大臣の傍らには必要だったのだろう。

第2章

運命を切り拓いた女たち

富貴楼のお倉　料亭政治を作った女

1837―1910

明治の元勲たちが口を揃えて「偉い」と褒め上げたのは、剛毅な江戸の女だった。

富貴楼のお倉、といえば当時、政財界に知らぬ人はいなかったという。女流作家の長谷川時雨（しぐれ）は、「明治の功臣の誰れ彼れを友達づきあいにして、種々な画策に預（ママ）ったお倉という女傑」と『明治美人伝』で評している。

お倉を慕った面々は、伊藤博文、井上馨、陸奥宗光、大久保利通、山縣有朋、大隈重信といった元勲から、三菱財閥を作った岩崎弥太郎や渋沢栄一、劇聖といわれた九代目團十郎や五代目菊五郎まで幅広かった。

財界人で茶道家としても知られた粋人（すいじん）の高橋義雄は、自著『箒のあと』で、こう回顧している。

「其全盛時代に於て、伊藤、井上、大隈、山縣等の大官を手玉に取り、政府の属僚役人等をして、其鼻息を窺はしめた辣腕は、時代が時代だけに、後人の企て及ばざる所であり」

大久保利通の息子である牧野伸顕（のぶあき）の『回顧録』には、もう少しお倉の人となりが具体的に綴られている。牧野はお倉とは父の代から二代にわたる付き合いをしていた。

「おくらは、伊藤、西郷（従道）、山県など皆知っていて、そういう人たちと親しんでいた。そして私が富貴楼へ行ったのはこの時が最初だったが、何しろ書生なので、後に、女中への心付けの遣り方などを一々おくらが私に教えてくれた。一種の女傑で、客などは一目でそれがどういう人間かというようなことを見抜いてしまった。待合の女将は時々こういうのがいる。もとの新喜楽の女将などはおくらの後を継いだような女だったが、これは少し品が悪かった。おくらは品格もあり、それは始終いい人たちと付き合っていたからだろうと思う」

では、かくも絶大な信頼を寄せられたお倉とは、どのような女であったのか。

天保八（一八三七）年、お倉は上野寛永寺の裏手に生まれた。当時の名は「たけ」。父は鳶の頭であったが、天保の改革のあおりを受けて、たけが六歳の頃に、一家離散の憂き目に遭う。たけは浅草の水茶屋に養女として貰われ、店に立つように。茶店には男たちが殺到したが、美少女は、その中からよりにもよって生活力のない優男に惚れ込み、ついには養母の制止を振り切って出奔。だが、すぐに生活に行き詰まった。

すると、色男はたけを新宿の女郎屋に売り飛ばす。たけは店での名を「倉」とした。これが「富貴楼の女将」への第一歩となる。

この色男とは切れたものの、新宿で女郎として働いている間にお倉はまた、別のある男に惚れてしまう。しかも、今度は五代目菊五郎の遊び仲間で、斎藤亀次郎という「江戸前の五分の隙もない遊び人風のいい男」であったから、余計に始末が悪かった。

色男に金と力は望みようもない。お倉は納得ずくで、この亀次郎のために、品川、吉原と転々と所を変えながら女郎として働き、稼ぎを貢ぎ続ける。惚れ抜いていたのだ。

その後、江戸城が官軍に引き渡される混乱の中で、お倉は亀次郎と手に手をとって女郎屋から逃げ出すと、大阪へ向かった。明治二（一八六九）年、東京へ戻ろうとするが、その途上で横浜に立ち寄り、この土地の勢いに二人は魅了される。

明治政府は国際貿易港とするため横浜の開発を急いだ。そのため横浜は、瞬く間に日本で最もハイカラな街となった。洋館が立ち並び、貿易商が軒を連ね、港には外国船が停泊し、西洋人が行き来する。外国との貿易で財をなそうという野心を抱いた男たちが日本全国から集まり、活気に満ちあふれていた。

お倉はこの土地で芸者屋を開くと、自身も芸者となって働き始めた。すると生糸相場で莫大な富を得た「天下の糸平」こと田中平八が、お倉を贔屓にした。

田中の援助のもと富貴楼を立ち上げて女将になるのは明治四（一八七一）年。三十を幾らか過ぎた頃のことである。

明治維新の立役者たちは揃って、富貴楼を根城とし、お倉を頼った。お倉は財界と政界の橋渡し役を務め、あらゆる相談に応じた。

東京、関西、九州方面で何が起こっているのか。世界はどう動いているのか。すべての情報は富貴楼の座敷に行けばわかる、とまで、いわれていたという。

それにしても、なぜ明治政府の重鎮たちは東京から横浜まで、わざわざ足を延ばしたのか。表向きは外国人との交渉のためだと説明されたが、東京よりも密談がしやすく、また、心も解放されたからだろう。それだけお倉の存在が大きかったのだ。

東京は長く幕府の本拠地として栄えてきた土地である。徳川の世を懐かしむ声もあり、未だ幕府に忠誠を誓う元幕臣たちもいる。その上、明治維新の立役者となり、国の中枢に収まりはしたものの、もとを辿れば九州や本州の果てで育った下級武士たちである。そんな彼らにとって東京は当初、緊張を伴う町であったのだろう。

明治の世になってから日が浅いうちは、寝首をかかれかねない不気味さがあり、実際に暗殺も横行していた。

それだけでなく庶民に至るまで、江戸っ子はプライドが高く、気性も荒い。田舎者を馬鹿にしもする。京都では、はんなりとした京言葉で、それなりに上客としてもてなされた彼らも、粋（すい）と張りを信条とする江戸の花柳界では肘鉄（ひじてつ）を食らった。柳橋、葭町（よしちょう）といった古い花柳界の芸者たちは幕臣への忠義立てもあり、薩長土肥の侍たちを「芋侍」と見下す。

その点、横浜は彼らにとって、「自分たちが作った街」「明治の街」だった。そこには富貴楼があり、お倉がいる。苦労人の彼女は、彼らを田舎者として馬鹿にすることもなく包むように受け入れ、江戸の流儀をさりげなく教えてくれる江戸の女だった。彼らはお倉のもとで遊び、学んだのであろう。

伊藤博文は公私にわたってお倉を頼り、大日本帝国憲法の草案を作る際には外部に情報が漏れるのを怖れて、伊東巳代治、金子堅太郎らと富貴楼に泊まり込み、その後は、横須賀沖の夏島にある伊藤の別荘に場所を移して続けた。

夏島まで気の利いた食べ物や時には芸者たちを手配し、送り届けたのもお倉だった。まだ葭町の半玉だった川上貞奴も夏島に呼ばれて、伊藤たちから海水浴を習ったという。

東京の花柳界も日清戦争の頃には手の平を返して、明治政府の高官である彼らを厚遇するようになる。とりわけ新橋や赤坂といった新興の花柳界は、彼らを客に迎えて次第に盛えていくのだが、そこにもまた、お倉の影響があった。

富貴楼で育てた芸者や女中たちを新橋に送り、茶屋を持たせたのである。その一つがおとりに持たせた瓢家である。この店から田中家が生まれ、今も新橋花柳界の要である金田中へとつながっていく。お倉は、この後は東京が中心となると見極めていたのだ。

一方、晩年も夫の亀次郎は浮気もので、お倉は度々、悋気を起こしていた。伊藤博文の正妻で元下関芸者の梅子夫人にはよく愚痴をこぼし、梅子に、「お前さんの欠点は、その焼きもち焼きなところだよ」と、たしなめられていたという。

明治二十五（一八九二）年、お倉が大磯に別荘を持つと伊藤もこれを真似た。

富貴楼は夫亀次郎の没後、その甥である兼次郎に譲ったが、三年後の明治三十一（一八九八）年には、その兼次郎も亡くなりお倉は富貴楼を閉じる。この時、六十一歳。

晩年は亀次郎に先立たれた寂しさを抱えながらも、落ちぶれることなく暮らし、明治四十三（一九一〇）年、七十三歳でその生涯を閉じる。

彼女が作り上げた花柳界文化は盤石で、その功罪はともかく平成に至るまで「料亭政治」の伝統は残った。だが、お倉以上に名の聞こえた女将はその後、出ていない。

山本コマツ
1849―1943

海軍の栄光と生きた女将

平成二十八（二〇一六）年五月、その料亭は火災で全焼し、建物はもとより客たちが揮毫した扁額（へんがく）や掛け軸などが、すべて灰燼（かいじん）に帰（き）した。それを聞いて、約百三十年というこの店の歴史を思った。

料亭の名は「小松」。日本随一の軍港であった横須賀で「海軍料亭」の異名をとった店である。日本海軍の士官以上で、この料亭の敷居を跨がなかった軍人は、おそらくひとりもいないであろう。

初代女将の名前は山本コマツ。だが、もとの名は「山本悦」といった。では、悦はいかにして「コマツ」となったのか。

嘉永二（一八四九）年、江戸の小石川に彼女は生まれた。父の新蔵が厄年四十二歳の時に授かった子どもだった。

昔から厄年に生まれた子は、一度捨てて他人に拾ってもらい、それから名を付けないと丈夫には育たない、と信じられてきた。だが、新蔵は年をとって授かった子どもがかわいくてならず、形だけとはいえ「捨てて他人に拾わせる」気にはとてもなれなかった。かといって、この習慣に逆らい、万が一、言い伝えどおりに子どもが早世してしまったら、とも思う。悩み抜いた彼は、そこで娘に名前を付けず、ただ「赤ちゃん」と呼び続けることにした。そのため少女は物心ついた頃も、周囲から「赤ちゃん」と呼ばれていたという。

この話をコマツは後年、座敷で海軍大将の山屋他人（たにん）に話した。すると、山屋から、こう打ち明けられたという。

私も同じく親が厄年の時の子なんだ。それで捨て子にし他人に拾わせる代わりに、いっそ初めから他人にしてしまおうということで『他人』と名付けられたんだ、と。

この山屋他人は、盛岡藩士の子として生まれ、海軍大将になった人物。雅子皇后の曾祖父にあたる。

「赤ちゃん」こと後のコマツが、数えの十歳になる頃、桜田門外の変が起こった。翌年には皇女和宮が江戸にやってきて、将軍の妻となる。

江戸が大きく変わろうとする中で、やがて老齢の父が病に倒れた。数えで十七歳となっていた孝行娘の「赤ちゃん」は、家計を支えようとする。特技は三味線。彼女は三味線ひと棹（さお）を抱えると、出稼ぎに出た。常磐津（ときわづ）の腕には少しばかり自信があったのだ。出稼ぎ先に選んだのは浦賀だった。

浦賀は海の関所とされ、江戸幕府は浦賀奉行所を置いていた。黒船でペリー提督がやってきたのも浦賀である。その後、幕府直営の造船所が設置され、軍艦の建造も始まった。

この地を選んだことが、「赤ちゃん」の一生を決める。

彼女は浦賀の割烹旅館の吉川屋で住み込みの仲居となり、宴席では常磐津も披露した。江戸の女らしくキビキビとしていて、気働きもできる「赤ちゃん」改め「悦」は、女将にも客にも信頼され、この地に根を下ろした。

戊辰戦争が起こり、幕府はついに瓦解するが、浦賀の機能は明治の新政府に引き継がれ、海軍省が出来るとその本拠地となった。

明治八（一八七五）年の秋には皇族の北白川、小松、伏見、山階の四宮家がやってきて、浦賀沖で海軍の魚雷発射試験を見学。吉川屋に一泊した。この時、接待に出た悦は、お座敷で指相撲をし、四人の皇族を次々と負かしていった。

大女で力も強い。悦をすっかり気に入った小松宮がこう切り出した。「わしは、お前の立派な体にあやかりたい、そのかわりわしがお前に名を付けてやろう」。宮は、悦に「小松」と名乗るように勧めた。

悦は「小松」はあまりにも恐れ多いとして、カタカナの「コマツ」に。以後、山本コマツとなる。

その後も変わらず吉川屋で真面目にコツコツと働き続けていたが、浦賀に来てから二十年の歳月が流れた頃、ふたたび大きな転機を迎えた。

海軍の客たちから、「是非、横須賀に来てくれ。自分たちの遊べるような店を横須賀に作って欲しい」と、強く懇願されたのだ。

この時、コマツはすでに三十五歳。「嫁がずに実の親に孝行したい。働き続けて出世もしたい」と独身を通してきた彼女は、ここで決断する。

翌明治十八（一八八五）年、横須賀に土地を買うと、料亭「小松」を開業。店は連日、海軍士官たちで、にぎわうようになる。

東郷平八郎はチビチビと酒を飲むので女中泣かせ。停泊中の艦に戻らずに居続けるのは悪い癖だった。

彼の無二の親友が山本権兵衛。同じ海軍、同じ鹿児島出身でも、ふたりの性格は対照的で東郷は物静かで無口。一方の山本は流行歌をうたったり踊ったりの、賑やかな酒であった。

小松は海軍とともに、成長していく。海軍軍人たちは小松の松から、「パイン」と親しみを込めて呼び、コマツを「お母さん」と慕った。

横須賀は海軍の街であり、横須賀のスターは海軍士官だった。少年たちはその軍服姿に憧れた。

小松が店を増築した時、地固めにやってきた鳶（とび）の頭（かしら）は、土木請負業「小泉組」の「親分」といわれるイナセな男。紺の腹掛け、紺の股引き、紺足袋に、印半纏（しるしばんてん）をひっかけて、二の腕からチラリと刺青をのぞかせる。べらんめえ調の巻き舌も板についていた。彼の名は小泉又次郎。女房は、「小竹」の名で知られた横須賀の元売れっ子芸者だった。後に小竹は芸者置屋も営み、妓を買い入れる金が足りないと、「姐（ねえ）さん、頼むわ」とコマツに借金を頼みにきた。

この小泉組の二代目、又次郎も、子ども時分は海軍軍人に憧れた少年だった。親に「海軍士官になりたいから進学させてくれ」と頼んだが、聞き入れてはもらえず、夢を諦め、全身に彫り物をして、親の家業を継いだのだ。どんな思いで彼は、自分とさほど年の変わらない海軍士官の若者たちが、座敷でドンちゃん騒ぎを連日繰り返す「小松」の増築工事を、鳶頭として請け負ったのか。

彼はその後、小泉組を弟に譲ると横須賀市議になり、国政へ進出。逓信大臣にまでなり、「刺青大臣の又さん」と言われて人気者となる。その孫が小泉純一郎元総理だ。

太平洋戦争が始まり戦局が厳しくなる中、昭和十八（一九四三）年四月に初代女将のコマツは没する。享年九十六（もしくは九十五）の大往生であった。日本海軍が滅亡する日まで生きながらえなかった。それは、彼女にとって幸いであったろうか。

コマツには子どもはおらず、大姪にあたる女性を二代目女将に迎えた。その後、三代目、四代目の女将が店を継いだものの「小松」はやはり、コマツのものであった。

吉田貞子　山縣有朋と二人の貞子

1872?—不明

今では高級ホテルとして知られる東京目白の椿山荘（ちんざんそう）。その広々とした日本庭園内では、夏になると蛍を観賞することができ、人気である。

椿山荘と名づけたのは、元の所有者である明治の元勲、山縣有朋。「日本陸軍の父」と言われた彼は庭園づくりが趣味だった。椿山荘の他にも京都に無鄰菴（むりんあん）、小田原には古稀庵（こきあん）を残している。

山縣は権力を長く保ち功績も残したが、いかんせん地味で、不人気な人物である。陸軍を創り上げて、官僚制度のもと山縣閥といわれる自身の強大な派閥を持った。政党を嫌悪し、しばしば威圧的な行動を取ったため、国家主義的な人物というイメージが定着している。

山縣自身は大正十一（一九二二）年に亡くなるのだが、その後の陸軍の暴走や敗戦も、彼の責任であるかのように語られがちだ。

山縣は口数が少なく、自己弁明を嫌ったという。盟友でライバルでもあった「陽気」な伊藤博文とは、対照的であったらしい。口先ばかりでポピュリズムに走りがちな政党政治や議会政治を信用せず、民衆をいたずらに煽るメディアや民権運動家を嫌悪する傾向があった、とも言われる。

山縣は天保九（一八三八）年に長州藩、足軽の家に生まれた。母とは四歳で死別。以後、母代わりとなった祖母は封建的な価値観を持ち、「烈女」と評される人であった。その祖母から山縣は、厳しく叱咤（しった）されて育つ。

出世の見込めない身分であったが祖母の期待に応えようと励み、幕末の混乱期であったことも幸いして、運を摑んでいく。藩政が揺れ動く中で松下村塾に入塾。高杉晋作の引き立てで奇兵隊の軍監に就任することができ、その後、京都に出ることに。

初めて都に上った彼は、国元で慎（つつま）しく暮らす祖母を想い、美しい縮緬（ちりめん）の反物（たんもの）を選ぶと、人に託して長州にいる祖母へ届けさせた。すると、間もなく祖母が死んだという悲しい報が届く。しかも、自死した、と。いったい何があったのか。

数え七十八歳の祖母は、孫から届けられた縮緬の反物を確かに受け取っていた。だが、それを自分で着物に仕立て袖を通すと、そのまま家の近くを流れる川に身を投げたのだった。

山縣はこの事実を伝えられて衝撃を受ける。なぜ、祖母は自ら死を選んだのか。やがて山縣はひとつの結論に至る。

私事に捉われず国事に専念して欲しい。そのためにも自分がいては孫の妨げになる、と考えたのであろう、と。

その後、彼は戊辰戦争に従軍する。親しい友が自分のすぐ傍らで弾にあたり斃れていく。だが、彼は生き残った。

また、他の尊王派の志士と同じく、彼も常に女性を求めた。

奇兵隊を率い下関にいた頃には旅館の娘と恋仲になり、結婚を望んだという。だが、果たせなかった。ようやく慶応三（一八六七）年に二十八歳で結婚。相手は庄屋の娘で、その父は松下村塾で学んだという人物だった。妻の名は石川友子。当時、十四（ないしは十五）歳。美しく才気があり、後年、賢夫人として称えられる。

明治の世になると、山縣は伊藤にやや遅れを取りながらも順調に出世し、軍人から政治家へと転身していく。ちょうどその頃には、祇園のある女性と関係を持った。相手は芸妓ではなく、京都の一力茶屋に嫁いで女将となった堀貞子という女性だった。貞子は「不幸な人妻」であったという。もともと夫との関係が悪かったのだろう。貞子は一力を出ると、山縣の援助で茶屋「堀亭」を始める。時に山縣は四十八歳、貞子は数えの三十歳であった。

一方、正妻の友子との間には、次々と子どもが七人生まれている。しかしながら、次女の松子を除いて、六人は夭折。常に近しい人と死に別れる、それが山縣の運命だったのだろうか。

さらには一八九三（明治二十六）年、自分よりもずっと年少の妻、友子までが数え四十二歳で亡くなってしまう。山縣は、妻を喪った哀しみを和歌に託して深く嘆いた。とはいえ、この時、すでに新たな妾がいた。それが吉田貞子（さだこ）である。

貞子の父は日本橋で唐物屋（からものや）を営み、豪商として知られた吉田屋佐兵衛。だが、日本橋芸者の歌吉に入れあげて家業を傾けた父は、貞子が十二歳の時に自宅の土蔵で歌吉と情死してしまう。当時は「歌吉心中」と言われて騒がれたものらしい。

父を喪った貞子は、その後、自身が芸者となり、日本橋の葭町（よしちょう）で芸者「やまと」として売り出され、その後、新橋に移って「老松（おいまつ）」と名乗った（初めから新橋だった、との説もある）。

貞子と新橋の座敷で出会うのは、山縣が総理大臣になる直前のこと。貞子を見初めた山縣は、彼女を落籍すると自宅近くの妾宅に囲った。時に貞子は数えの十八。山縣は五十歳を過ぎていた。

正妻の友子が亡くなった翌年、日清戦争が勃発。山縣は第一軍司令官として従軍することになった。この時、山縣はある決意を固める。貞子を自宅に迎えると決めたのだ。

「生きて帰れたならば、再び会おう。それまでこの邸（椿山荘）で待つように」

貞子はこうして椿山荘の離れで暮らすことになった。日清戦争が終わるまで、山縣の次女、松子と邸内で茶や琴の稽古をし、和歌を学びながら過ごす。その後、山縣は無事に戦場から帰還。貞子はそのまま椿山荘で、老いて病気がちな山縣を支えながら生きることになった。家政を取り仕切り、風流人でもあった山縣の希望に応えて、仕舞から謡曲、笛までを極めていく。

山縣の腹心であった桂太郎ら周囲は、貞子を正式な後妻にするようにと何度も強く勧めた。だが、山縣は亡くなった妻友子を思ってか、籍に入れようとはしなかった。貞子もまた、「卑しき身なれば」と周囲に語り、求めなかったと伝わる。

年に二度、山縣は京都の無鄰菴に桜と紅葉を観に行ったが、その際には貞子を東京から伴った。京都では堀貞子も加わり、山縣はふたりに囲まれて、時を過ごしたという。

最晩年、「皇太子裕仁親王（後の昭和天皇）の婚約者、良子女王は色覚異常の家系である」という情報を摑み、山縣は「未来の天皇に色覚異常が現れる可能性がある」ことを危惧して、結婚に異議を唱える立場を取った。ところが、いったん整った婚約を破棄させようとするのかと、山縣に対して厳しい非難の声が各方面から上がり、小田原の古稀庵に蟄居。貞子に看取られながらこの庵で、八十三歳の生涯を閉じた。

病弱で体調を崩しがちだった山縣が長命を得られたのは、貞子という存在を得たからだと誰もが思っていた。貞子は献身的に山縣に仕え、そこには真の愛情があり、ふたりの間には年齢と立場を超えた、深い絆があった、と語られがちだ。

だが、貞子の本心は、どうであったろう。山縣が長命を得たために、貞子は山縣の傍らで老いるよりなかったが、椿山荘などの邸宅は山縣の親族のものとなった。

貞子はその後、どうなったのか。調べてはみたものの蛍のような儚さで、私には何も、摑み取ることができなかった。

安藤照　桂園時代を支えた二人のお鯉

１８８０―１９４８

芸者お鯉の本名は安藤照である。生粋の江戸っ子で、生家は四谷見附に十二代続いた漆問屋の松屋。祖母は江戸城大奥に奥女中として勤めた経験を持ち、家には江戸城から下る際に使った塗り物の籠が残されていたという。

しかし、そんな生家は明治維新の煽りをうけて親の代で没落し、照は養女に出されて芸事をみっちりと仕込まれると明治二十六（一八九三）年六月、数えの十四歳で新橋から、「おこい（お鯉）」の妓名で半玉（芸者見習い）として披露目を果たした。

その頃の新橋花柳界はまだ歴史が残く、二流どころと言われていた。そんな新橋が隆盛の兆しを見せるのは日清戦争後。その勢いに乗って新橋芸者「お鯉」も嬌名を謳われることになる。彼女の生涯は、そのまま明治の政界裏面史である。

日清戦争が始まり新橋は戦争特需に沸いたが、幼い半玉にとって、恐ろしいのは戦争ではなく日々の宴席だった、とお鯉。とりわけ女好き、それも少女を好んだのが、伊藤博文、実業家の浅野総一郎、医学博士の北里柴三郎でこの三人がいる宴席は、半玉にとっての鬼門だった。

「おじいさん」のような男たちの玩具とされる。だからこそ、彼女たちは若い歌舞伎役者に熱をあげた。だが、歌舞伎役者は結婚をエサに貢がせる。だから、花柳界では役者に芸者が入れあげることを「男地獄」と言うのだった。

お鯉は年配の財界人を「旦那」に持つ一方、人気役者の市村家橘(かきつ)（後の十五代目市村羽左衛門）と深い仲になった。

家橘はお鯉にとっては先輩にあたる新橋芸者、「洗い髪のお妻」として知られたお妻と付き合っていたものの振られてしまった（このお妻の「旦那」は玄洋社の頭山満）。人気役者が、芸者に袖にされたとあっては役者として顔が立たない。そこでお妻を見返すためにもと、家橘は新橋で売り出し中の若いお鯉と次に付き合ったのだった。芸者も役者も、それなりの相手と浮名を流せば、良い自己宣伝になる。だが、お鯉は浮気で終わらせず、芸者を辞めると家橘の妻に収まる道を選んだ。

人気絶頂の家橘を射止めた上に、正妻の座を摑んだお鯉を羨む朋輩は多かった。だが、現実の結婚生活は苦労の連続となる。役者は稼ぐ金よりも使う金のほうが多い。お鯉は生活に追われ、質屋通いが日課になった。その上、家橘は名流婦人の浮気相手を務めるのに忙しく、妻を顧みようとしない。

ついにお鯉は、耐えきれなくなり、家橘に自ら離縁を申し出ると、再び新橋へ。お鯉の名が高まるのは、この二度目の披露目を果たしてからのことである。

明治三十六（一九〇三）年春、ロシアから陸軍大臣のクロパトキンがやってきた際には、接待係として芸者たちによる「美人隊」が結成され、お鯉がその頭となった。クロパトキンを主客に迎えた芝の「紅葉館」での宴席で、お鯉を先頭に「美人隊」の芸者衆がお膳を捧げて部屋に入ってくる、その一糸乱れぬ動きを見て、寺内正毅陸相は思わず、こう感嘆したという。

「兵隊の訓練でずいぶんうまいのを見てきたが、これほど整った美しい隊列はみたことがない」と。

その後、日露関係が険しくなると、お鯉の身にも大きな変化が起こった。

当時の総理大臣は、桂太郎。彼には当時、これと決まった芸者がいなかった。山縣有朋は、桂に全力で国家運営にあたってもらうためにも、病弱な正妻に代わって生活全般に目配りのできる立派な芸者が必要だと考え、お茶屋の女将たちに相談する。その白羽の矢は売れっ妓で、かつ、気が強いお鯉に立てられた。

山縣有朋、児玉源太郎、井上馨らが、お鯉の説得にかかる一方、お茶屋の女将は桂に、お鯉を口説けとけしかける。

「ロシアと大戦をしようとしているのに、女ひとり口説けないとはなんです」

ある日、お鯉と桂はそんな人たちに囲まれて、決断を迫られる。周囲が見守る中で中庭に出てお鯉と向き合った桂は、一言、こう尋ねた。

「嫌か」

お鯉はすでに覚悟を決めており、答えた。

「あなたがたは伊藤の御前を始めとして人を玩具にするから嫌です。いくら芸者でも一人前の人間ですから生涯のことを考えてくださるのでなければご免こうむります。ただそれだけです」

話は決まった、と周囲は喜び、そのまま皆で鮫州のお茶屋に行き、お鯉はそこで桂と肉体関係を結ばされるのだった。

その後、日露戦争が勃発すると、桂の日常は前にも増して忙しくなった。だが、そんな時に財界人とお鯉の間に噂が立つ。それを耳にした桂は、お鯉を呼び出し、真偽を尋ねた。お鯉はカッと来て、桂に啖呵を切る。

「私は芸者で芸者には芸者の道があり、呼ばれれば座敷に出る。座敷に呼ばれて行った。それが嫌だというなら別れてくれ」

桂は狼狽し、お鯉に謝罪した。とはいえ、このままお鯉を芸者にしておいては、この先も、こうした嫉妬に苦しめられることになる。そこで周囲の勧めもあり、桂はお鯉を落籍すると赤坂に家を与えて住まわせ、妾宅としたのだった。

お鯉は新橋を去るにあたって、栄えある「お鯉」の妓名を若い妹芸者に譲り、新橋には「二代目お鯉」が誕生する。すると、この二代目は後に「総理にはお鯉がつきもの」と言われて、西園寺公望の愛妾とされる。桂と西園寺が交互に総理を務めた「桂園時代」とは、見方を変えれば、「二人お鯉時代」なのである。山縣の愛妾、貞子も元新橋芸者。三人の女たちは何かというと会っていた。

　明治三十八（一九〇五）年八月のある夜、桂はお鯉のいる家にやってくると、そのまま二階にあがり、ひとりで机に向かった。いつも陽気な桂が、めずらしく不機嫌なことにお鯉は驚く。すると追いかけるように伊藤博文が、やって来た。伊藤は二階に上ると、桂に駆け寄った。

「すべてお前の言うようになったから」

　伊藤のこの言葉を聞き、桂は思わず、問い返した。

「大山（巌）や松方（正義）が承知したのか？」

　伊藤が頷くと、ふたりは手を取り合って泣き出した。

　いったい、何があったのか。伊藤が帰ると、桂はお鯉に事情を語った。

　日露戦争は日本の勝利として終わったが、戦後処理で意見が割れた。日本には金がない、戦費が尽きる直前でのギリギリの勝利であり、もはや戦うことはできない。そう考えて桂は講和案を作成した。しかし、対して陸軍の大山らは、弱腰だと桂を批判し、議論は紛糾。桂は怒りから退席し、まっすぐお鯉の家にやってきたのだ。だが、その後、伊藤が桂の講和案を必死で大山らに説明し、呑ませた。それをいち早く桂に知らせたくて、伊藤はお鯉の家に駆けつけたのだ、と。お鯉もこれを聞き桂のために喜んだ。

　ところが翌月、この講和条約の内容が外部に漏れた。すると、新聞はこぞって「弱腰外交」「戦勝国がなぜ講和するのだ。桂は国賊」と桂を叩き始める。さらには、この報道に煽られた国民が暴徒となって首相官邸へ押し寄せ、それを鎮圧した日比谷の警察署が焼き討ちに遭う、「日比谷焼き討ち事件」までが起こった。

「桂を殺せ」という声は、やがて、「桂が入れあげている妾のお鯉を殺せ」となり、暴徒はお鯉の家がある赤坂にも、殺到しつつあった。この時、桂は公邸に籠ってしまい、お鯉はひとり途方にくれる。

匿ってくれる人を探したが、皆、巻き込まれまいとして、受け入れてくれない。お鯉は、あわや、という時に裏庭から逃げ、命拾いをする。妾として蔑(さげす)まれた挙句に命まで危険にさらされるとは。あまりにもやりきれない、とお鯉は思ったようである。

それもあってか、お鯉はこの騒動後、桂の正妻（三人目の妻で名古屋の出身といわれる）が公認する形で、官邸への出入りを許されるようになる。老齢の桂の日常生活を正妻に代わって支え、桂が別の女性との間にもうけた子どもを引き取り、育てもした。

「お国に尽くしている桂公に尽くすことはお国に尽くすことだ」

と周囲はお鯉に度々語り、お鯉もまた努めて、そう思うようにしていた。

山縣有朋の愛妾で元新橋芸者の貞子に合うと、ため息まじりにこう語り合った。

世間では私たちのことを栄耀栄華の中にいると誤解している。だが、芸者時代よりもよほど気苦労が多く、割に合わない。何かにつけ、妾だと蔑まれもする。なぜ、男たちは責められず、女である自分たちばかりが、憎まれ、嫌われ、見下されるのか。桂と山縣を前にして、お鯉と貞子はこう訴えた。

「妾が悪いというのなら、その悪いものをお持ちになろうとする方々が悪いのです」

行き違いから人間関係がこじれた時、政敵との関係を改善したい時、男たちは花柳界の女を頼った。女たちは独特のネットワークで自分の「旦那」のために情報を収集し、仲介の労を執り、事態を改善するように骨折った。全盛のお鯉にすがった人は数知れない。

ところが、大正二（一九一三）年に桂が六十五歳で亡くなると、途端に手の平が返される。桂からの遺産を受け取る際には、井上馨に十何カ条も約束事が書かれたものに実印をつけと迫られた。そこにはこうあった。

「一、貞操を守ること。一、外出を控えること……」

お鯉は怒りに震え、「遺産はいらない」と言って席を立った。自分はまだ若いのだ。自分の人生は、これから始まるのだ。お国のためにと説得されて桂の妾となった。だが、桂の死後も、枷をはめられるのはご免だと、お鯉は思ったのだった。

その後、お鯉は周囲の取り成しで桂が残してくれた遺産を手にするものの、それほどの額ではなかったようだ。カフェや待合を経営して自活しようとしたが、不運が重なり失敗。疑獄事件にも巻き込まれてしまう。

行き場を失い、最後は頭山満の勧めで尼になると、住職がおらず廃寺同然となっていた東京目黒の五百羅漢寺を受け継ぐことに。妙照尼となったお鯉は、自ら托鉢をして回り、廃寺を見事に再興した。

戦争を生き抜き、昭和二十三（一九四八）年に六十七歳で逝去。羅漢寺の本道脇には、お鯉を偲ぶ「お鯉観音」が今も祀られている。

原浅　原敬が求めた岩手の女

1871―1923

首相の原敬が東京駅で刺殺されたのは大正十（一九二一）年十一月四日のことだった。自宅には前々から脅迫文が度々送り付けられていたため、彼は日々、自分が暗殺されることを覚悟していたという。

実際に原を刺したのは、国士を気取る人間や右翼結社に属する者ではなく、国鉄大塚駅で日給の転轍手（てんてつしゅ）として働く一介の貧しい若者であった。利権政治への批判が強まる世論を見聞きしていて影響を受け、犯行に及んだものらしい。

原は安政三（一八五六）年、岩手県の生まれ。生家は南部藩の家老格という家柄だったが、九歳の時に父が他界し、同じく南部藩の上級武士の娘であった母りつの手によって育てられる。

その後、戊辰戦争が起こり、幕府についた南部藩は辛酸をなめることになり、莫大な賠償金を新政府に請求されるが、この時、りつは他の藩士のように財産を隠匿（いんとく）することなく、家屋敷の大半を処分して藩に上納した。人に後ろ指を指されない生き方を、子どもたちに示したかったからだという。後に政治家となって「私利ではなく公利」と訴えた原の価値観には、この母からの影響があると言われる。

地元で漢学を修め天才児と言われた原は、上京して西洋の学問を学びたいと願うようになる。母はそれを知って生活を切り詰め学資を捻出（ねんしゅつ）したものの、十分な額ではなかった。原は金に苦労しながら東京で、フランス語や数学を貪欲に学んだ。一時はフランス人宣教師の元に住み込み、時には布教活動に付き添い地方を回る生活も送った。

その後、司法省法学校に入学。学費無料という点に惹かれてのことだった。しかし、もともと法律を学びたいと思っていたわけではなく、学校の厳しい校則にも反発を覚え、ついには放校処分に。その後は自由民権運動家として知られた中江兆民（ちょうみん）を師として、フランス語と欧米事情を学んだ。

原は東北出身者として地方の発展を強く願っていた。また、国防や外交にも関心があった。国家運営に関わりたいとの思いはあったが、南部藩という賊軍の出身。薩摩や長州を中心とした藩閥政治の時代に、活路は見い出せなかった。

原はそこで郵便報知新聞に入社。新聞記者となる。国政そのものに関わるのではなく、筆を持ち国政に関与したのだった。

その後、取材する機会があった井上馨外務卿に見込まれ、さらには薩摩藩出身で「鹿鳴館」の命名者としても知られた中井弘にも、目をかけられるようになる。

明治十五（一八八二）年、井上と中井の推薦により、外務省へ入省。翌年には天津領事に任命される。

するとこの時、「外交官は妻を伴い現地に赴任したほうがいい」と外務大臣の井上から言われ、中井弘の娘、貞子との結婚を勧められた。

賊軍出身の原にとって、この結婚は薩長閨閥につながる大きなチャンスだった。当時、原には武家の娘で零落して吉原芸者となった恋人がいたが、この女性はけなげにも、「原の出世のために身を引く」と言って、別れたという。

中井の娘との結婚を井上馨が原に強く勧めたと言われているが、その当時、世間でまことしやかに噂された話があった。

井上の妻、武子はもとは中井の妻だった。ところが、中井が東京を留守にした際、井上と武子は恋仲に。東京に戻り事情を知った中井は怨むことなく、武子を井上に譲り、ふたりは結婚したのだ——。

今日までこの噂は根強く流布し、中には貞子の実父は井上、養父が中井だとの説もある。中井は武子と別れた後、再婚。貞子を得たのだが、なぜか貞子の実母は武子だ、という噂が付きまとい続けていたのだ。

貞子の実父は井上なのか、中井なのか。いずれにしても、この二人から貞子を娶るようにと言われて、断ることなど立場上、原にはできなかったはずだ。

その貞子は当時、まだ十四歳。跡見女学校を中退して、十三歳年長の原に嫁ぐことになり、しかも結婚と同時に中国の天津へ向かうことに。道中は極寒の上、馬車に揺られ続ける過酷なもので、天津についてからも日本人は少なく、中国人の使用人に囲まれての生活。東京で贅沢に育てられ、まだ子どもといってもいい年齢であった貞子には、耐えられぬことが多かったのだろう。精神的に追い詰められると、貞子は大声で泣き叫んだ。そんな時は、原が幼子をあやすように、妻の貞子をおぶって庭を歩き、なだめていたという。

ところが天津に続いてパリに赴任すると、夫婦の暮らしは一変する。成長した美貌の貞子は、社交界で持て囃(はや)され、華やかな生活を満喫した。

その後、日本に帰国。すると、生活は再び一変して、大使時代のような贅沢は望めなくなり、貞子は不満を抱いたとされる。また原には、貞子が岩手の母や親族を見下しているようにも思えて、次第に夫婦の心は離れていくのだった。原は離婚を切り出すが、貞子が承知せず、別居という形を取るようになる。

実はこの頃、原にはすでに、ある女性がいた。

新橋駅近くの烏森(からすもり)で芸者をしていた浅である。浅は人目を引くような容姿ではなく、若くもなかった。だが、原とは同郷のよしみで気心が知れたのだろう。

浅は岩手の山間部に生まれ、貧しく育った。子どもの時から子守奉公に出され、その後、花柳界に流れたという女性で、文字は書けず読めなかった。

外務大臣が陸奥宗光から大隈重信に代わると、大隈とそりの合わない原は明治三十（一八九七）年九月に外務省を辞してメディア界に戻り、大阪毎日新聞社の社長となる。すると同年暮れ、別居中の貞子から「家に戻りたい」との申し出があった。しかし、原はすでに浅を落籍していた。悩んだ挙句、原は「母への孝養を尽くすこと」「掃除炊事は率先してやること」「化粧や身の回りは質素にし虚飾に走らぬこと」「夜中にみだりに外出しないこと」と二十一項目の「訓戒」を手渡し、さらに浅の存在を認めさせた上で家に迎える。だが、貞子の行状は改まらなかったといわれる。

原は明治三十三（一九〇〇）年九月、伊藤博文が立ち上げた政友会に参加。新聞社を去り政界入りを遂げると同年十二月には、早くも逓信大臣に就任する。

順調に政界での階段を上っていく中で明治三十九（一九〇六）年、大きなもめ事が家庭内に起こった。貞子が妊娠したのだ。子どもの父親は原ではなく、情夫であった。

原に偽り、隠れて産もうとしたものの、すべてが露呈し、ついに離婚へと至る。だが、原は別れた後も貞子が大正八（一九一九）年に五十歳で逝去するまで、仕送りをし続けたといわれる。

貞子との離婚成立後の明治四十一（一九〇八）年、原は浅を正式に妻とする。

浅は「自分のような無教養な者は」と入籍を拒んだというが、原と親族が説得し、承諾させたとも。この時、原は西園寺公望内閣の内務大臣という立場にあった。

家には来客が多く、浅は家庭を切り盛りして原を支えた。大正七（一九一八）年には、ついに原は総理大臣に。東北出身者、逆賊の藩に生まれた者が、初めて総理の座に就いたのだ。爵位を持たない初の「平民宰相」でもあった。

原の政治的評価は現在も大きく分かれている。鉄道敷設を条件とした地方への利益誘導は、当時から利権政治と批判されがちであった。だが、彼には発展から取り残された地方、とりわけ東北地方に対する特別な思いがあったのだろう。また、皇太子の渡欧を全面的に支持し、皇室の在り様を近代化、西洋化させようとした点では、保守層との軋轢（あつれき）を生みもした。

総理になって三年、原は東京駅で刺されて志半ばで死去する。

浅は一報を知らされ凶行の現場に駆けつけると、原の乱れた衣服を整え、「亡くなればもはや官邸には用のない人ですから」と述べて、遺体を官邸ではなく自宅に運ばせた。また、原からかねてより託されていた遺言をすぐに発表する。原は自分の死が政治的に利用されることを案じ、浅にあらかじめ遺書を託していたのだ。

一、死去にあたっての位階勲等の陞叙は辞去
一、東京では何らの式も営まず、遺骸はただちに盛岡に送ること
一、墓石の表面には姓名以外、戒名も位階勲等も記さぬこと

死にあたって勲章や爵位を与えられること、国葬とされることを、なんとしても原が避けようとしていたことが伝わってくる。浅は強い意志で、反対する声をはねのけ、夫の遺言を忠実に実行した。政友会主催の通夜を終えると遺体を盛岡に送り、葬式は原家の菩提寺である大慈寺（だいじじ）で執り行い、埋葬する。

浅はこの翌年に風邪を引き、一週間ほど寝つくと、そのままあっけなくこの世を去った。原の遺言に従い「原敬墓」とだけ彫られた墓石の横に、同じ大きさ、同じ形をした新しい墓石が建てられ、そこには同じ書体でこう刻まれている。

「原浅墓」――。

上原栄子
1915―1990
沖縄の遊廓を守ろうとした女

中国と日本に挟まれながら独立を保ってきた琉球王国が、日本の一部とされて「沖縄県」になるのは明治十二（一八七九）年のことである。

それまで十五世紀から明治初年まで琉球を統治してきたのは、尚氏（しょうし）という王族であり、その住まいが首里城（しゅりじょう）であった。

琉球の人々にとって敬愛する主君であった尚王家の人々は、日本政府によって強制的に東京へ移住させられ、主を失った首里城は、日本国の管理下に置かれる。十四世紀末頃に起源を持ち、幾度の火災を経て十八世紀初頭に再建された、壮麗な、中国風のこの王城は、後に昭和二十（一九四五）年の沖縄戦で完全に灰燼に帰す運命を背負う。

この首里城と同じようにもう一つ、跡形もなく沖縄から消えてしまった「城」がある。大永六（一五二六）年、尚真王（しんおう）の時代につくられて、四百余年にわたり首里城近くに存在した遊廓、「辻」だ。

辻とは琉球言葉の「チージ」に由来し、「高いところ」「頂（いただき）」を意味するという。女だけで運営された世界的に見ても類のない遊廓で、最盛期には三千人の「尾類（ジュリ）」と呼ばれる遊女たちが暮らしたという。

伝説では唐人に身を汚された尚家の王女が、「もう城には帰れない。この上は、支配者である中国や薩摩の男たちを籠絡（ろうらく）し、彼らの琉球支配を骨抜きにしてくれよう」と決意して侍女とともに、辻を起こしたとされる。この時、王女は王族の女だけに許される金の簪（かんざし）を母親に返し、以来、銀の簪を挿すようになった。だから、辻の女は庶民には許されぬ銀の簪を大髷（おおまげ）に挿しているのだとも。

辻では、大元老、元老と呼ばれる老女たちが廓全体を取り仕切り、その下には抱親（アンマー）がいる。抱親はそれぞれ数人の抱妓（かかえご）を持つ。血はつながらずとも、彼女たちは強い絆で結ばれる疑似家族なのだった。実の親や兄弟に辻へ売られて尾類になる少女もいれば、尾類が客との間に産んだ子が、長じて尾類になることもあった。

尾類の上原栄子は大正四（一九一五）年生まれ。養父にモッコで担がれて、辻に売られたのは数え四歳の時であったという。栄養失調で半ば死にかけていたモッコの中の子を見て、辻の女は、「今、この子を買わなくては間違いなく死んでしまう」と思ったのだった。

故に、上原に実父母の記憶はなく、彼女は辻の子として辻の中で育った。抱親には、常にこう言い聞かせられていたという。

「美しい尾類ではなく、いい尾類になれ」

辻では歌舞音曲だけでなく、針仕事や藍染、漬物や泡盛づくりまでを教えられる。そこには男から与えられる金をあてにせず、質素な生活を送り、自活することを良しとする価値観があった。

男たちは、外交や貿易を円滑に進めるために大事な接待を辻で行う。尾類たちは男の接待相手である中国人や日本人たちに、琉球舞踊や音曲を披露する。芸のある尾類は尊敬された。

それだけでなく、琉球の名家では結婚する前の男子を一時、辻に預けるという習慣もあった。性教育を尾類に任せるのである。また、跡取りの男子が得られない家では、夫を辻に通わせ尾類に子どもを産んでもらうこともあった。一種の代理母である。

辻は沖縄社会を陰で支える場であった。だからこそ日本の廓のように「買う」という言い方は許されず、「尾類を呼ぶ」と言うのだと上原は語っている。

尾類は辻の中に自分の部屋を持ち、許された男だけがそこに通った。ひとりの男性だけに尽くすのが最上とされ、売春というよりは、妻問婚（つまどいこん）に近いものだったようだ。男性を複数持つほうが尾類の実入りはよくなるわけだが、辻ではそのような振る舞いは好かれなかった。

琉球が沖縄県となってからは、那覇にも日本風の遊廓ができた。そこで働く女性たちは大和（日本内地。沖縄の人は、ヤマトゥンチュという）から連れられてきた遊女たちだった。辻の尾類たちは、その遊廓があまりにも辻と異なることを知って驚く。廓の経営者は男で、働く女たちの待遇は劣悪、明らかに搾取されていると感じられたからだ。

嫌だといっても一晩に見知らぬ男客を何人も取らされ、外出も許されず、客から直接金をもらえず、満足な食事もできないとは、なんと大和尾類たちはかわいそうなのだろうと思った、と。

日本内地から婦人矯風会の女性たちが辻に見学にやってきたこともあった。大和の名流婦人たちは、尾類に向かって言った。

「不幸なあなたたちを救ってあげましょう。自由廃業できますよ」

上原はこの言葉に反発を覚え、心の中でこう思ったという。

「自分たちを救ってくれるよりも、我が子を売るしかなかった親たちを救って欲しい」

この時、自由廃業したいと婦人矯風会の面々に名乗り出た尾類はひとりもいなかった。

写真家の木村伊兵衛の作品「那覇の芸者」は、昭和十（一九三五）年に撮影された。尾類であった二十歳頃の上原を撮った一枚だ。生き生きとした目の光。遊女という暗さを感じさせない表情。それは辻の尾類たちに共通するものだったのだろうか。

だが、やがて太平洋戦争が始まる。上原は日本人の将校と激しい恋に落ちるが、空襲がふたりの仲を引き割く。

昭和十九（一九四四）年十月十日、敵機の凄まじい来襲を受けて、尾類たちは辻の地下に広がる自然壕の中へと逃げ込んだ。約十時間後、爆撃が止み、おそるおそる地上に出てみると四百年の歴史を持つ辻は爆撃で破壊され、この世から消滅していた。

住む場所を失い、上原は抱親と尾類の仲間とともに逃げ回った。

途中で日本軍に合流し「帝国陸軍と一緒なら神風で守られる」と彼女たちは素直に喜び、言われるまま看護婦となり働いた。だが、次々と爆撃され、その度に尾類の仲間が爆死していく。上原は爆風を受けて目玉が飛び出してしまった尾類の手を引いて逃げた。空中に人間のちぎれた手足が舞う。顔半分がえぐりとられてなお生きている兵士がおり、その空洞になった顔に汚れた布を詰める作業もした。

爆弾によって肉片となって散っていく尾類たち。辻には開祖の墓があり、尾類たちは常に祈りを捧げてきた。上原は爆撃を受ける中、辻の方角を向くと、開祖に祈り、こう誓いを立てた。

「命が助かったならば必ず辻遊廓を再建します」

上原はその後、自決しようとするがアメリカ軍に捕えられ、捕虜として終戦を迎えた。上原は戦後、誓いを果たさなければと考える。

彼女は米兵のハウスメードをしながら、アルファベットから英語を必死に学んだ。次に米軍のペニシリンを闇市で売り、その金でコーヒーショップを開く。

辻の果たしてきた役割は戦後の沖縄では理解されなかった。尾類だったと明かすと、「元売春婦」と蔑まれ、職を失ってしまうこともあった。

そんな経験をすればするほど、逆に彼女は辻への愛着を深くした。がむしゃらに働き元手を作ると、辻の跡地に土地を買い、料亭を開いた。アメリカ人行政官に求婚され結婚もした。

そんな上原の存在が伝わり、アメリカ人作家バーン・スナイダーがモデル小説『八月十五夜の茶屋』を書いた。ブロードウェイで舞台化されて大ヒット。映画化もされた。主演はマーロン・ブランド、上原をモデルとした日本人女性を演じたのは京マチ子だった。

ところがその後、あまりにも辻の再建にこだわる上原は、沖縄の自治運動に火をつけかねない存在だと米国側から見なされ、次第に危険視されるようになっていく。

琉球列島高等弁務官のキャラウェイに敵視されて密輸や脱税の嫌疑をかけられたが、彼女はひるまず逆に裁判を起こして、事実無根であることを訴えて勝訴する。

たったひとりで辻再建を目指した上原だが、あまりにも焼き尽くされた上、アメリカ軍に長く占領された沖縄で、その夢はついに果たし得なかった。

平成二（一九九〇）年に七十五歳で逝去。辻の跡地に作られた彼女の料亭も、取り壊されて今はない。

戦火によって全焼した首里城は華々しく再建されたが、遊廓の辻が行政の力で蘇(よみがえ)ることはなかった。

辻の跡地とされる場所には、開祖である琉球王女を祀った小さな祠(ほこら)だけが、今も残されている。

第3章

天皇家に仕えた女たち

一条美子

1849—1914

創られた「皇后」像

皇后とは不思議な存在だ。嫁することによってのみ、その地位は与えられる。だからこそいっそう、時代における「あるべき皇后像」を求められ、苦しめられもするのだろう。これは近代以降の現象である。

現在のような夫婦一対の「皇后」が誕生するのは明治からのこと。明治天皇の正室、美子皇后が、その第一号である。

時に「冷たい女神」とも評された美子皇后は、容姿だけでなく、生き方や心の在り様までも、近代国家となった日本において女性の手本となる、という使命を担った。

子どものように小柄で華奢であったといわれるが、性格は男勝りで凛々しく、才知にたけ、時に政務を投げだしがちになる天皇の傍らにあって、皇室を支え続けた人でもあった。

明治二十（一八八七）年一月に京都へ行った際には帰路、皇后は神戸から横浜まで軍艦浪速に乗船。この時、嵐に遭遇して海は荒れに荒れたが、美子皇后は甲板に出て、恐れる様子もなく荒れる海を見つめていたという。船酔いする体質で、油臭い軍艦に乗ることを嫌った明治天皇とは、あまりにも対照的であった。戦船に乗って朝鮮半島に攻め入ったとされる、伝説の神功皇后を意識していたのだろうか。

公家のなかでも最も格式高い五摂家のひとつ、一条家に美子が生まれたのは嘉永二（一八四九）年。父は一条忠香、母は一条家出入りの針医の娘「花浦の方」で、この母の先祖には新田義貞がいると伝えられる。

最初につけられた幼名は勝子。その後、天皇の妃として入内するにあたり、美子の名前を授けられた。

当時の天皇家や公家の生活はかなり質素なもので、五摂家の一条家も、その例にもれなかった。そうした中でも父の忠香は子どもたちの教育に心を砕き、一条通に面した庭の片隅に物見やぐらを建てると、娘たちを上らせ、外の世界を見るようにと勧める。

「これからは動乱の世を公家も生き抜かなくてはならず、雅には暮らしていけないかもしれない。そのためにも市井の人々の生活を自分の娘たちに早くから見知っておかせたほうがいい」と、子どもの将来を考えてのことだった。

幼い美子は物見やぐらに上がっては、塀の外に広がる世界に目を凝らした。そこには、確かに「社会」があった。天秤棒を担ぐ物売りがいる、汗水を流して働く染物屋の親子がいる、貧しい病人がいる……。

一方で伝統的な公家の娘としての教育も受けた。四書五経から和学、書、和歌、琴……。何ごとも呑み込みが早く、姉たちを圧倒した。美子は生涯を通じて学問を好み、和漢洋に通じていたと、多くの証言が残されている。

幕末の京都。市中では暗殺や密告が横行し、血なまぐさい空気が流れていたが、公武合体派の一条家も、その時代の渦の中に巻き込まれていく。

日本はどうなっていくのか。先が見えぬ中でまず美子の生母が、この世を去ると、さらに四年後の文久三（一八六三）年には、頼みの綱である父が没した。美子は十四歳。一条家の家督は兄の実良が継いだが、明治維新によって失脚し、失意の中で死没。その後、一条家は跡取りをめぐってもめ続ける。

父が亡くなった翌元治元（一八六四）年、蛤御門の変が起こるが、その際、美子は侍女たちを束ねて一条家の屋敷を脱出し、洛北まで阿鼻叫喚の中を逃げ延びるという経験もしている。

美子には行動力があり、容姿、才知に優れていることはすでに宮中にも知れ渡っていた。だからこそ、将来の皇后候補と目されるようになるのである。

美子が実際に天皇家に入内するのは、明治元（一八六八）年十二月。即位したばかりの明治天皇の女御となり、すぐ皇后となる。この時、二十歳。天皇は美子よりも年少で、十七歳だった。

夫婦の三歳違いは四ツ目といわれて縁起が悪いと当時は信じられていたが、それでも入内が決まったのは、その存在が抜きん出ていたことに加え、父が逝去していたことが、プラスに働いたからだと言われる。皇后の実家が強い力を持っていると、外戚として何かと政治に関与してくる可能性がある。その点、美子にはそうした心配はなかった。

年が明けて三月、戊辰戦争も終盤に差し掛かる中、明治天皇は日本国の首都となる江戸、改め東京へと出立する。

それから約半年後、美子皇后も東京へ向かおうとした。ところが、御所が東京に移ることに反対する京都の町衆や有力者が、これを阻止しようとして、御所に押しかけ暴れるという騒動が起こる。

一時は皇后の東京行きを取りやめるべきかとまで話し合われたが、十月五日、周囲を警備で固めて脱出を決行する。緊張の中で京都から抜け出した美子は、天皇が待つ東京へ。皇居となった江戸城に入り、新しい女主人として収まるのだが、ここにもまた不思議な因縁があった。

徳川最後の将軍、徳川慶喜には当初、美子の実姉にあたる照姫が嫁ぐ予定であった。だが、照姫は疱瘡（ほうそう）を病んだため辞退することになり、急遽、今出川（いまでがわ）家の美賀子（みかこ）が後任となる。美賀子は家格の高い一条家の養女となり、一条美賀子として嫁いだ。その後、慶喜は将軍にはなるものの、西国にいる時間が長く、結局、慶喜も美賀子も江戸城で暮らすことのないまま、明治維新となり江戸城を明け渡す。美賀子が江戸城に入れなかったのは照姫の怨み、との噂も立つ中、照姫の実の妹である美子が、美賀子が本来暮らすはずであった江戸城に皇后として入ったのだ。

京都で暮らしていた間、天皇は毎朝、白粉（おしろい）を顔に塗り、女官たちに囲まれて一日を過ごしていた。だが、こうした風習は、東京に移ってから「近代化」の名のもと、大きく改められていった。

天皇は化粧の習慣をやめ、断髪して、髭をたくわえると服装も衣冠束帯から洋装へと切り替える。皇后の美子も、眉墨とお歯黒をやめることになり、さらに伊藤博文とその妻、梅子からの強い進言もあってドレスをまとうようになった。また、天皇は東京へ移るに際して、三百人の女官を引き連れたが、美子は皇后として宮中改革を進め、女官に対する権限をすべて、その手に集中させていく。

御所の奥深くに隠されていた天皇も皇后も、明治以降、皇居の外に出る存在へと変わり、「御真影」という名の写真を通じても、その姿を国民に知られるようになった。また、あるべき日本女性の姿を示すべく、美子皇后は活発に社会と交わりもした。

皇后として東京女子師範学校や、華族女学校を訪問。良妻賢母教育の旗振り役を自ら務めたのだ。華族女学校には詩も下賜する。

金剛石もみがかずば　珠のひかりはそはざらむ　人もまなびてのちにこそ　まことの徳はあらはるれ……

水はうつはにしたがひて　そのさまざまになりぬなり　人はまじはる友により
よきにあしきにうつるなり　おのれにまさるよき友を　えらびもとめてもろともに

……

美子は日本の基幹産業である養蚕(ようさん)にも注目する。四書五経に通じていた彼女は『礼記(らいき)』に古代中国では宮中で皇后の手により養蚕が行われていた、とあるのにヒントを得て、自分も養蚕を試みたいと考える。そこで民部省租税正、後には大蔵省に出仕した渋沢栄一を御所に呼び、自ら彼に意見を求めたのだ。

渋沢は宮中で養蚕をしたいという美子の考えに賛成し、自分の親戚にあたる養蚕業者の田島弥平を指導者として推薦。田島は上州（群馬県）から娘の民を含める養蚕婦を伴って宮中に入ると、美子の期待に応えて養蚕小屋を作り、指導もした。

なぜ、そこまでしたのか。もう一つの理由があった。当時の日本にとっては、絹こそが近代化の支え。外貨を稼ぐための貴重な原資であり、唯一無二の輸出品であった。

養蚕が国にとっていかに重要な産業であるか、養蚕における女たちの働きが、いかに国に貢献するものであるか、皇后自らが宮中で養蚕にあたることで示したのだった。製糸工場を見学し、女工たちの働きぶりを称えもした。しかしながら日本製生糸は、低廉な賃金で過重労働に従事する女工たちによって生産されているという現実があり、こうした皇后の行為は、女性たちの犠牲を肯定化するものともなる。

美子はまた医療にも、積極的に関わった。日清、日露の戦場で負傷した兵士たちを慰問するだけでなく、看護事業を支援。女性が看護婦になることを奨励した。

美子皇后の夢枕に日露戦争開戦前夜のある夜、坂本龍馬の霊が立ち、「誓って皇国の御為に帝国海軍を護り奉る」というお告げがあった、という話が時事新報に載せられもした。

このように、美子は富国強兵を目指す日本において、それにふさわしい国母としての皇后であろうと努めた。強く、優しく、美しく聡明で非の打ちどころのない理想の皇后。世間もまた、そのように皇后を見た。だが、ただ一つだけ当時の価値観に照らして、欠落があった。子どもを産めなかったのだ。

夫の明治天皇は、それもあって女官たちを次々と側室にすると、十五人の子をもうけた。そのうち、成人したのは大正天皇と皇女四人。その五人は実の母親が誰であれ、表向きは美子の子どもとなる。皇后という立場は、どこまでも近代の模範的家族を演じる存在であったのだ。

「模範的な皇后」であろうとした美子だが、ひとつだけ周囲から止められても改めなかったことがある。喫煙だ。刻み煙草をキセルにつめて吸うことを、彼女は好んだ。

政府高官の中には、「皇后ともあろう人が、はしたない」と批判する者もいたというが、これればかりは亡くなるまで、やめなかったという。彼女のたったひとつの反抗（レジスタンス）だったのだろうか。

天皇は皇后に「天狗さん」というあだ名をつけた。皇后の鼻が高く、少し鷲鼻気味だったからだ。だが、三歳年上で頭が切れる皇后を、揶揄する気持ちも込められていたのかもしれない。

天皇は西郷隆盛を深く愛し、西郷に乗馬を教えられてからは、夢中になり政務を顧みようとしなくなった一時期があった。

政治的な君主であることが自覚できず、後宮にこもりがちだった天皇を導き、政務を補佐し、新聞を読もうとしない天皇に代わって九紙に目を通しもした。進講を避けたがる天皇に代わって学び、積極的に臣下から意見を聞き、外交に内政にと気を配り、自分よりも若い天皇を教育する役割を務めた。後年、天皇は糖尿病を患い政務から遠のきがちとなるが、美子は最後まで皇后としての役目を全うしようとしたと言える。

明治四十五（一九一二）年に天皇が崩御。美子には昭憲皇太后（しょうけんこうたいごう）の称号が与えられたが、自分の役目は果たし終えたというように大正三（一九一四）年、六十四年の生涯を閉じた。

女官として美子に仕えた山川三千子は手記で、こう述べている。

「あのご聡明な皇后宮様に、お世嗣ぎの皇子がお生れにならなかったことは、かえすがえすも残念なことで、根も葉もない私の空想が許されるならば、もし皇太子様でもおよろこびになっていたら（著者注・皇太子を授かっていたら）、あるいはそのために日本の歴史の一部に変更がなどと、果無（はかな）い夢もふと浮かんでまいります。昔は男系ということのみにとらわれて、腹は借りものなどと、母性をあまりにも軽く見ていたのではないでしょうか」

美子皇后が皇子を産んでいたならば、日本の歴史はまた違っていたのか。果たして、どうであろう。

柳原愛子

1855―1943

皇位をつないだ側室

明治天皇の正妻にあたる美子皇后（昭憲皇太后）は、子どもを授かることが一度もなかった。皇后に代わって明治天皇の子を産んだのは、傍らにいた女官たちである。

記録上、最初に出産したのは権典侍の葉室光子で、皇子を産む。ところが死産であった上に、四日後には、光子自身も亡くなってしまう。この時、出産を担当したのは、医師シーボルトが長崎の遊女に産ませた娘で、女医となった楠本イネである。

次に天皇の子を宿したのは、権典侍の橋本夏子。皇女を産むが、やはり死産で夏子もまた出産翌日には亡くなってしまう。

不幸な前例が続く中、次に身ごもったのが権典侍の柳原愛子だった。

明治八（一八七五）年、愛子は皇女を出産する。翌年、この皇女は死亡してしまうが再び妊娠し、皇子を出産。しかし、この皇子も一歳の誕生日を迎えることなく亡くなった。

だが、愛子は三たび妊娠して明治十二（一八七九）年、皇子を産む。この皇子もまた、生まれた時から激しい引きつけを起こしており、全身には発疹があった。夭逝した他の皇子皇女たちと同じように、脳膜炎を生まれながらに患っていたからだ。皇子は明宮嘉仁親王と名づけられ、その後、伝統に従い里子に出された。里親となったのは、公家の中山忠能。明治二十（一八八七）年に宮中へ引き取られて、以後は皇太子となり、生母の柳原ではなく明治天皇の正妻である美子皇后を母として、養育された。

その後、学習院初等科に入学するものの身体が弱く、中等科一年をもって退学。宮中の奥深くで思春期を過ごした。十代の半ばに実の母は皇后ではなく、尚侍として宮中で立ち働く女官の柳原愛子だと知り、衝撃を受けたと伝えられる。

では、産んだ子を取り上げられ、宮中に女官として仕え続けた柳原愛子とは、いったい、どのような人物だったのか。皇統をつないだ重要人物であるのに、その存在は秘されており、あまり多くは語り残されていない。

愛子は安政二（一八五五）年、公家の柳原光愛を父とし、京都で生まれた。その後、柳原家も天皇に従い東京に移り住むことになり、愛子もまた上京する。

英照皇太后（孝明天皇の正妻）付きの女官として、東京で宮中に出仕。英照皇太后は系図の上では明治天皇の母であるが、明治天皇もまた側室の子であり、そこに血のつながりはなかった。

明治六（一八七三）年、皇居となった江戸城が火事に見舞われ、明治天皇と美子皇后は難を逃れて、英照皇太后の暮らす赤坂離宮内に移り住み、ここを仮の皇居とした。この時、明治天皇は英照皇太后に仕える女官の柳原を見初めた、と言われる。いわば火事が結んだ縁であった。

愛子の生まれた柳原家は代々、天皇の勅命を公卿に伝達、議事の結論を天皇に奏上する「議奏」という役職を務める家柄。また、愛子の兄にあたる柳原前光は戊辰戦争の際に東海道鎮圧の副総督に選ばれ、その功績から維新後、外務大丞（外務大臣）に抜擢されていた。

だが、当時の前光はまだ二十歳になるやならず。明治政府を代表して清国との交渉に当たったが、大役を十分に果たすことはできなかった。その後は次第に政務から遠ざけられ、そのせいもあってか、次第に遊蕩に耽るようになっていく。

明治天皇の側室となった愛子は、そんな兄と連絡を取る時、自分の侍女である梅を遣わした。すると、兄の前光は、この梅に心を奪われ、妾として柳原家の邸内に入れる。妻妾を同居させたのだった。

前光の正妻は、宇和島藩主伊達宗城の娘、初子。初子にとっては耐えがたいことであったろうか。だが、移り気な前光は、梅にもすぐに飽き、今度は柳橋芸者のおりょうに入れあげ、夢中になった。

おりょうは、時の人気芸者。明治の元勲をはじめ、政界、財界の男たちは、彼女をめぐって、つばぜり合いをしていた。

芸者となってはいたが、おりょうの父は幕臣で外国奉行も務めた新見正興である。万延元（一八六〇）年に日米修好通商条約の批准書を交わすために、幕府の使節団が派遣されることになり、正使一行はアメリカ軍艦ポーハタン号でアメリカに向かったが、この使節団の筆頭にいたのが新見である。なお、幕府の正使たちが乗船するポーハタン号に随走する形で幕府の木造軍艦、咸臨丸もアメリカへ。こちらには正使以外の幕府関係者として、勝海舟や福澤諭吉、通訳としてジョン万次郎らが乗船していた。

新見はアメリカに着くと、外国奉行として幕府を代表して通商条約の批准書を交換。ところが帰国してみると、日本では「屈辱的な条約を結んだ」と尊王攘夷派の武士たちがいきり立っており、新見は命の危険にさらされる。

また、この条約締結がひとつの契機となり、幕府に代わって天皇による親政をという、倒幕の機運が高まり戊辰戦争へと突き進んでいくのである。

新見は戊辰戦争後の明治二（一八六九）年、失意の中に死去し、後には三人の娘が残された。

長女は北海道に渡って結婚したが、下のふたりは奥津家に養女として引き取られた後、柳橋の花街に売られて芸者となる。姉妹は柳橋でも抜きんでた美妓として知られ、とりわけ妹のおりょうをめぐって、伊藤博文と柳原前光のふたりが激しく争うようになるのだった。

だが、伊藤も柳原も、おりょうからすれば、江戸幕府の外国奉行であった父を追い詰めた敵側の人間である。果たして彼女は、どんな思いで男たちを見ていたのだろう。

伊藤を制して、最後は柳原がおりょうを落籍することになり、自宅近くに妾として囲うことに。その後、おりょうは前光の子を身ごもるのだが、すると今度はおりょうが産んだ女児をめぐって女の争いが起こった。正妻の初子と、愛子の元侍女で前光の妾となった梅のふたりが揃って、「自分の子として引き取り育てたい」と言い出したのだ。

結局、おりょうの産んだ燁子（あきこ）は、正妻の初子に引き取られることに。だが、初子の手元で育てられることはなく、当時の慣習もあって、すぐに里子に出された。

里親は品川の種物屋だった。そのため燁子はべらんめえ調の言葉遣いの中で育つ。その後、柳原家に引き取られるものの、初子から真の愛情が注がれることはなかったようだ。

大正天皇を産んだ愛子から見れば、兄の娘、つまりは姪にあたる。この燁子が、後の歌人「柳原白蓮（びゃくれん）」である。

柳原家は前光の死後、息子の義光が家督を継ぐものの、金銭問題や愛人問題を次々と起こして醜聞まみれとなり、さらには白蓮（燁子）も、九州の炭鉱王に嫁いだ後に、若い社会主義者の愛人と駆け落ちするといった大スキャンダルを巻き起こす。

柳原家の甥や姪が立て続けに新聞沙汰となる事件を起こし、愛子は宮中でずいぶんと肩身の狭い思いをしたようだ。明宮嘉仁親王（大正天皇）の心身の不具合も、愛子の血統のせいではないかと陰で批判されたものらしい。

愛子の産んだ皇太子は病弱ではあったものの無事に成人して天皇となり、九条節子（さだこ）との結婚も果たす。次々と節子皇后との間に男児を四人、授かることもできた。

とはいえ、病弱な体質を根本から克服することは難しく、天皇となってからの心労もたたってか、大正十五（一九二六）年に四十七歳で崩御。実の子どもに愛子は先立たれたのだった。

紛れもなく、彼女は皇統をつないだ最大の功労者である。大正天皇の母であり、昭和天皇の祖母なのだ。彼女が皇子を産まなければ、天皇家の歴史はどうなっていたことだろう。だが、その一生は、どこまでも日陰の女性のものである。晩年は他の女官同様、皇居から辞して老後を過ごし、昭和十八（一九四三）年に八十八歳の生涯を閉じた。

明治天皇と皇后は巨大な武蔵野御陵に眠る。だが、愛子は皇族専用の豊島岡（としまがおか）墓地にさえ葬られてはいない。東京都目黒区にある祐天寺に、その墓はある。現天皇の高祖母である。

九条節子

1884—1951

昭和天皇を産んだ正室

成人することも危ぶまれた病弱な皇太子は無事に二十歳となり、適齢期を迎えた。その相手に選ばれたのは、のちに貞明(ていめい)皇后と言われることになる九条節子(さだこ)である。決め手になったのは、その壮健な身体であった。

節子は当初、筆頭の皇太子妃候補者ではなかった。

明治天皇は息子の嫁を選ぶにあたって、「一に宮家、二に五摂家」と希望を語った、といわれる。皇太子の健康状態から、天皇（明治天皇の直系子孫）と宮家（前近代に分かれた天皇の血を引く旧皇族）との血縁関係を築くことで皇族の再強化を図りたかったのだろう。この言葉を受けて、天皇を先祖に持つ宮家の娘から、まず皇太子妃の候補者が探された。

真っ先に選ばれたのは伏見宮家の長女、禎子(さちこ)だった。

伏見宮は崇光(すこう)天皇を祖先に持つ宮家である。禎子は家柄もさることながら、聡明さと色白の麗(うるわ)しい容姿から、皇太子妃に相応(ふさわ)しいと認められたのだった。

誰もが未来の皇后として申し分ないと太鼓判を押した。明治天皇夫妻、とりわけ美子皇后が、自分の後を継ぐ皇后は彼女が適任であると、強く希望したという。ところが、禎子は健康面にだけ、問題を抱えていた。

次の皇太子妃には、なんとしても皇子を産んでもらいたい。側室制度は西洋諸国からすれば、蛮族(ばんぞく)の習慣として映る。日本はやはり後進国、という印象を与えてしまう。次の天皇は側室ではなく正妻から生まれて欲しい。それが天皇家を支える元老たちの願いであった。

蒲柳(ほりゅう)の質(しつ)である宮家の禎子姫に、それを求められるのか。すると予想どおり婚約内定後の健康診断で、禎子の肺に疾患が見つかる。結果、この婚約は惜しまれつつも取り消されてしまう。

改めて皇太子妃を選び直すことになった。だが、もはや宮家の姫には適切な候補者は見当たらない。そこで五摂家の中からを探すことになる。

五摂家とは藤原家を祖先に持つ、五家（近衛、九条、二条、一条、鷹司(たかつかさ)）の名門貴族を指す。明治天皇の正妻、美子皇后（昭憲皇太后）は一条家の出身である。続けて一条家から求めるわけにはいかず、九条家の節子の名が挙がるようになった。

とはいえ禎子の時のように満場一致、とはならなかった。節子の母が身分の低い側室であったこと。加えて本人が令嬢風ではなく「黒姫」という有難くないあだ名までつけられていたからだった。

明治十七（一八八四）年、節子は母の実家がある東京府神田錦町で生まれた。これまでの皇后と違って、節子は東京生まれの東京育ち。生後七日目には当時の慣習に従い、高円寺の豪農、大河原家へ里子に出される。

武蔵野の荒々しい自然の中で、節子はのびのびと育った。土地の子どもたちと畦道（あぜみち）を裸足で駆け回り、栗拾いや虫取りに熱中して真っ黒に日焼けした。田畑を耕し、家畜を飼う農村の暮らしの中で四年半ほど過ごしてから、彼女は九条家に引き取られる。

その後、華族女学校初等小学科に入学。生気のない、か細い令嬢たちばかりが集っている中で、節子の活発さは目立った。自由民権運動家の川上音二郎が考えたオッペケペー節を、クラスメイトの前で披露することもあったと伝えられる。

明治三十二（一八九九）年、皇太子妃に内定していた伏見宮禎子の婚約が解消されると、節子は突然、皇太子妃候補者として浮上する。武蔵野で育まれた健康な肉体が評価された結果だった。

明治三十三（一九〇〇）年二月、節子は正式に皇太子嘉仁と婚約。同年五月に満十五歳で結婚する。

婚約から結婚までの間、周囲は皇太子が節子以外の女性に興味を持たないように注意を払っていたという。だが、結婚して間もなく、ある「事件」が起こる。

日光に夫婦で静養へ出かけたところ、すぐ近くに鍋島（なべしま）侯爵家の別邸があり、梨本宮との結婚を控えた鍋島伊都子（いつこ）が滞在していた。伊都子の美貌はつとに知られていたが、皇太子もひと目見て魅了されたのか、毎日のように散歩の途中だと言っては、ひとりで鍋島家別邸に立ち寄るようになってしまったのだ。新婦の節子は、立腹して皇太子を日光に残したまま、ひとりで東京に帰った、という「事件」である。

また、宮中での生活は堅苦しく、古手の女官からは箸の上げ下ろしまで礼儀作法を厳しく教え込まれた。だが、そうした不自由さの中で、節子は嫁いだ翌年（明治三十四年）、皇太子妃として課せられた最大の義務を果たす。皇子（迪宮裕仁親王、後の昭和天皇）を出産したのだ。

英照皇太后（孝明天皇の女御）も、昭憲皇太后（明治天皇の正妻）も果たしえなかったことである。次の天皇は庶子（側室の産んだ子ども）ではなくなる。皇室にとって、画期的な出来事であり、元老たちを喜ばせた。

その後も節子は皇子を次々と出産。最終的に四人の男児（昭和天皇、秩父宮、高松宮、三笠宮）を授かった。

明治四十五（一九一二）年には明治天皇が崩御。夫が即位し天皇になると健康に恵まれ、行動力もあった彼女は皇后として積極的に動いた。

昭憲皇太后を手本として養蚕に熱心に取り組み、医療問題にも尽力。中でもハンセン病患者の福祉事業には、とりわけ力を入れた。華族女学校で教えを受けた恩師の石井筆子とは、皇后になってからも交流を続け、筆子が夫の亮一とともに日本初の知的障碍児のための施設として滝乃川学園を運営すると、これを助ける。

一方、天皇になった夫は幼少期に患った脳膜炎を再発させ、大正十（一九二一）年頃から寝込むように。節子は政務が行えなくなった夫に代わって、役目を果たそうとしたのだろう。時には元老たちと渡り合うようになり、一部からは、「西太后になられては」と政治に介入する節子を批判的に見る声も上がったという。

天皇とは何か、皇室とはどうあるべきか。夫の病という現実の中で、彼女は突き詰めて考えるようになっていく。

その結果、神道や宮中祭祀に深く傾倒するようになり、とりわけ東京帝国大学法学部教授で神道研究家でもあった筧克彦に心酔する。筧は授業の前に柏手を打つことで知られ、「皇国日本は天から下った天皇によって開かれ統治される神の国である」という立場を鮮明に取る法学者として知られていた。

大正十三（一九二四）年にはこの筧を沼津の御用邸に招き、八回にわたって進講を受ける。よほど感銘したのか、節子は筧の進講を書籍としてまとめ、「特別の装幀にし、先ず官国幣社に寄贈し、広く側近者に拝読させるように」と命令。『神ながらの道』と題されたその書籍の巻頭には、皇后が筧に与えた二首の和歌が載せられている。

天皇は神だと信じる母に、西洋諸国を約半年間ほど外遊し近代的な価値観を身に着けていた皇太子裕仁（後の昭和天皇）は、戸惑いを覚えることも多かったようである。

その皇太子は、久邇宮家の良子と結婚。宮家の姫であった良子は、おっとりとした性格で、頭が切れ、気が強い節子とはまったく対照的な女性であった。この嫁に対して節子は

「気が利かぬ」と、時にきつくあたることがあったという。

皇太子は側室制度を嫌い、その温床となっている宮中の女官制度を改革。女官が宮中に住み込む制度を改め、通う形とした。これに母節子は反発。伝統や因習を重んじようとする節子と、その長男である皇太子はぶつかり、時に節子の怒りの矛先は息子の愛する嫁の良子へと向けられたようである。

節子は五摂家、良子は宮家の出身。

夫の大正天皇は「よそ見」をしがちであったが、息子の皇太子は妻の良子を一心に愛していた。乳母車を皇太子が押して、皇居内を夫婦で散策する。そんな西洋的な振る舞いをする息子夫妻を、節子は批判的に見ていたと言われる。

大正十五（一九二六）年に夫の大正天皇は四十七歳で崩御。節子はこの時、四十二歳だった。なお、夫である大正天皇の臨終にあたって、生みの母である女官の柳原愛子を病室に入れるように配慮したのは節子だったという。

皇太子が即位して新天皇（昭和天皇）になり、節子は皇太后へ。

昭和に入ると軍部の力が増し、満洲事変から日中戦争となり、さらには太平洋戦争が引き起こされる。戦局が厳しくなると、節子はますます祭祀にすがるようになり、神国日本を礼讃（らいさん）する勇ましい和歌を詠んだ。

かしこしや八咫（やた）のかがみのみひかりを　亜細亜のひともあふぐ御代かな

歴史家の原武史は、日本が戦争に勝つことで、アマテラスを最高神とする「神ながらの道」がアジアに実現すると信じていたのであろうと指摘している。「新嘗祭をおろそかにしてはいけない」「伊勢神宮にお参りして戦勝を祈願すべきだ」と節子は昭和天皇に進言していたともいう。

どんなに周囲が説得しても節子は疎開を拒み、天皇とともに皇居に留まり続けた。そのため終戦の日は東京で迎えている。

敗戦後は皇族は元より、天皇家も食糧難にあえぐように。すると節子は御所内に率先して畑を作り、自ら鍬を振るった。その際、「自分は農家で育ったので、どんな苦労も受け入れられる」と周囲に語っていたという。高円寺で野原を駆け回っていた日々を、懐かしく思い出していたのだろうか。

戦後、GHQの方針で、華族制度が廃止されることになり、十一あった宮家のうち、節子が産んだ三人の息子が当主となっている三宮家（秩父宮、高松宮、三笠宮）を除いて、残り八宮家はそれまでの特権を剝奪されて、民間人となることが決定する。この宮家への厳しい措置を聞いた時、節子はこう語ったと言われる。

「それでいい。宮家は維新後、よくされすぎた」

宮家への複雑な思いが彼女の心の内に、くすぶり続けていたのだろうか。

GHQによる占領下の昭和二十六（一九五一）年、節子は狭心症の発作で命を終える。

六十歳だった。死後、貞明皇后と追号され、東京都八王子市の広大な武蔵陵に眠る。

李方子

1901—1989

朝鮮王室に嫁いだ皇女

朝鮮は十四世紀から五百年にわたって李王家が統治する王国であった。だが、日清戦争後、日本によって植民地化されてしまう。

明治二十八（一八九五）年には、親ロシアの立場をとっていた后（きさき）の閔妃が、朝鮮王宮内で日本軍人に惨殺されるという事件が起こった。主犯は長州出身の陸軍軍人で公使として赴任していた三浦梧樓（ごろう）であった。

三浦らは王宮に押し入ると皇后を殺害して火を放ったという。三浦は事件後に日本で裁判にかけられはしたものの、証拠不十分で無罪とされた。

その閔妃の夫は第二十六代の王、高宗（李熙（イヒヨン））である。彼は閔妃をこのような形で日本人に殺された二年後、側室の厳妃との間に男児を得た。それが李垠（イウン）王子。李王家の正当な後継者であった。

その後、高宗は日本の主権侵害を国際社会に訴えようとし、その結果、日本に疎まれ、退位させられてしまう。代わりに閔妃の産んだ王子、李坧（イチョク）が純宗として即位。その異母弟にあたる李垠は十一歳で王世子（皇太子）になった。すると初代韓国統監であった伊藤博文は自分が任期を終えて帰国するにあたり、この李垠を日本に一緒に連れ帰ると、強引に決めてしまう。日本で学ばせた後、帰国させ、親日の王として大韓帝国（一八九七年に朝鮮王国から改称）の発展に尽くして欲しいからだ、と。

李垠少年はこうして日本に渡ることに。ところが来日二年目の明治四十二（一九〇九）年、親代わりの伊藤が、ロシアの財務大臣と満洲・朝鮮問題を話し合うために満洲のハルビン駅に降り立ったところを、群衆の中にいた安重根（アンジュングン）という名の朝鮮人青年に銃で撃たれて命を落としてしまう。この伊藤の死が、日本と朝鮮の、そして李垠の運命を、大きく変えてしまうのだった。

伊藤が暗殺された翌年、日本は大韓帝国を併合すると発表。併合に消極的な立場をとっていた伊藤の死が、逆に併合の口実とされた。

これによって大韓帝国は消滅し、大日本帝国の一部となる。日本にいた李垠は、この「韓国併合」を日本の高官から説明され、ただ一言、「わかりました」とだけ答えたという。

彼は常に日本人の前では注意深く、感情を見せまいとしていた。とりわけ、伊藤という存在を失ってからは。だが、そんな彼でも一度だけ、日本人たちの前で心の動揺を隠せなかったことがある。朝鮮にいる実母の厳妃が危篤であると知らされた時のことだ。彼はショックのあまり卒倒した。

伊藤は李垠を日本に連れて行く際、母の厳妃に、「夏休み、冬休みには毎年、必ず朝鮮に帰す」と約束したという。母は、その言葉を信じて日本へと息子を送り出した。ところが、約束はまったく果たされず、しかも当の伊藤もこの世を去ってしまっていた。厳妃は何度も日本政府に、「約束が違う」と抗議した。すると李垠が日本に渡ってから四年目、厳妃は突如、亡くなるのである。日本側は死因を心臓麻痺と説明した。だが、日本に盾突いたために暗殺された、という噂が消えることはなかった。

李垠は日本の陸軍士官学校を優秀な成績で卒業。だが、「留学」は学校を卒業しても終わらず、日本の軍人として軍務についた。

さらには日本人皇族との結婚を、日本側から持ち掛けられる。相手は梨本宮方子（まさこ）。だが、彼には祖国に親の決めた婚約者がいた。

李王家には未来の妃を厳格に選ぶ儀式があり、その伝統にのっとり閔甲完（ミンカプワン）という名の貴族の少女が、すでに選び出されていたのである。

だからこそ、この閔家の人々も李垠が、日本人皇族と婚約したというニュースを聞いて驚き、憤慨した。その上、日本人の役人が突然家にやってくると、李家から贈られた婚約指輪を返還しろと求められた上、今年中に他家に嫁ぐようにと厳命された。甲完の父親は強く抗議した。すると、日を置かずに彼は毒殺される。自分の身も危ないと感じた娘の甲完は、朝鮮から上海に脱出。後に手記を発表している。

一方、日本では梨本宮方子もまた同じように、自分と李が婚約したと書かれている新聞記事を読み、大きなショックを受けていた。まったく何も聞かされてはいなかったからだ。

方子は一時は、皇太子（後の昭和天皇）妃の候補者であった。ところが、方子の母は佐賀藩主の娘、梨本宮伊都子。方子が皇太子妃になると、佐賀藩出身者が政府内で力を持つと懸念した。長州藩出身の元老山縣有朋が阻止するように立ち働いた、といった噂が流れもした。

李垠と皇太子は、ほぼ同世代。李垠は明治三十（一八九七）年、皇太子は明治三十四（一九〇一）年の生まれである。結局、皇太子妃には久邇宮良子が選ばれ、方子は李垠の婚約者に。ふたつの結婚式はほぼ同時期に行われる予定であった。だが、皇太子の結婚は、良子の親族に色覚異常があるとの問題が持ち上がり、一時、暗礁に乗り上げてしまう。

一方の方子と李垠の結婚にも、初めから暗い影が差していた。

日本に国を奪われた上、息子が日本人女性との結婚を強いられたことに、父の高宗は納得できず、激しく反発していた。だが、高宗の意向を無視して大正七（一九一八）年十二月には一般の婚約にあたる納采（のうさい）の儀が日本で行われ、翌一月には結婚式、と話は進んでいった。

ところが、そうした中で、高宗が突如、亡くなるのである。憤死であるとも、日本人による毒殺であるとも噂される中で、結婚は喪が明けてからということになり、一年ほど延期される。

ようやく大正九（一九二〇）年四月に日本で結婚式が行われたが、今度は朝鮮独立を求める愛国青年が馬車に向かって爆弾を投げつけるという事件が起こった。

日本の皇族や華族の中にも、「王族とはいえ、しょせん相手は」と蔑視や嫌味をあらわにする人たちが少なからずいたという。

おそらく、そこには嫉妬が多分に混じっていたのだろう。朝鮮王公族は皇族の下位、華族よりも上位という位置づけ。王家に払われる歳費は天皇家に次ぐ金額であり、その上、李王家の資産もあり、方子の指には李王家伝来の十キャラットのダイヤモンドが輝きを放っていた。

この結婚は初めから「内鮮一体（日本と朝鮮が一つの国であること）」を印象づけるための、完全な政略結婚だった。だが、夫婦の間には次第に愛情や信頼が芽生え、結婚の翌年には男児の晋を授かることになる。

結婚し子どもも得て、李垠はようやく朝鮮への一時帰郷を許される。妻の方子と息子の晋を伴い、李家の人々に会うために十五年ぶりに海を渡り、祖国朝鮮の土を踏んだ。だが、最も会いたかった母も父も、すでにこの世にはいない。

李家の親族は盛大に結婚を祝ってくれ、連日の宴会となったが、その最中に悲劇が起こる。突然、生後八カ月の晋が緑色のものを吐いて、苦しみながら亡くなってしまったのだ。死因は食中毒だと説明されたが、それを信じる者は少なかった。

方子はこの時、自分が生まれ育った麴町の梨本宮家の邸宅が、もとは閔妃を惨殺した三浦梧樓の屋敷であったという因縁を思い出さずにはいられなかった、と語り残している。

夫婦の苦難は、その後も続く。

大正十二（一九二三）年に関東大震災が起こった際には、朝鮮人が暴動を起こそうとしているとのデマが流され、日本人による朝鮮人虐殺が各地で起こった。方子はこの時、皇居へ避難。一方、李垠は軍装で戒厳令司令部を見舞っている。

さらに、終戦後も苦しみは続いた。宮家は大正天皇の息子を当主とする三宮家を残して皇籍から離脱することに。華族制度も廃止された。その結果、朝鮮王族であった李夫妻の立場は、中でも複雑なものとなった。

李夫妻は日本国籍であったが、戦争が終わった時点で朝鮮王族という身分は消滅。その上、韓国籍が取れなかったため、戦後は無国籍になってしまったのだ。

韓国の民衆からは「売国奴」と罵られ、大韓民国の初代大統領、李承晩（イスンマン）により韓国への帰国は拒否された。日本にも韓国にも居場所を得られず、東京の紀尾井町にあった大邸宅はもとより、資産の多くを財産税支払いのために手放した上、日本で寄る辺のない苦しい生活を余儀なくされることに。

祖国への帰国がようやく許可されるのは、昭和三十八（一九六三）年。この時、李はすでに脳梗塞を患い、意識がない状態だったが夫妻で帰国を果たす。

それから七年後の昭和四十五（一九七〇）年、七十二歳で李は祖国で死去。残された方子は夫を韓国で看取った後も、日本への帰国は考えず、韓国人として生きる、と決めた。韓国で質素な生活を送りながら、福祉事業に身を捧げる。

かつて方子との結婚を取り沙汰されたこともある、昭和天皇が崩御。それから約四カ月後の平成元（一九八九）年四月、方子は八十七歳の生涯を韓国で閉じる。

天皇家は今に残り、李王家は存在しない。李夫妻の住まいであった麴町の瀟洒な洋館は、現在、誰にでも利用できるレストランとなり人気を集めている。かつてここに暮らした一家の苦悩の歴史、「内鮮一体の結実」と喧伝された李垠と方子の「ご成婚」は今、見事なほど忘れ去られている。

愛新覚羅浩

1914―1987

満洲国へ渡った侯爵令嬢

日本では八月六日の広島平和記念日から十五日の終戦記念日までが「戦争を考える時期」となっている。だが、隣国の中国では事情が異なる。

かつて満洲国とされた中国東北部の瀋陽市（当時は奉天）では、今年も九月十八日の九時十八分に、鐘やサイレン、自動車のクラクションが、一斉に鳴らされることだろう。日中戦争の始まりとなった満洲事変の起こされた日、だからだ。一方、日本で「九月十八日」を戦争が開始された日、として意識する空気はまるでない。

関東軍は満洲事変を起こした翌年、国際社会の批判を無視して「満洲国建国」を宣言。この時、関東軍により満洲国皇帝として担ぎ出されたのは、清朝最後の皇帝であり、廃帝とされた愛新覚羅溥儀だった。だが、皇帝とは名ばかりで、実際の国家運営の支配者は関東軍の軍人たち。溥儀は彼らに迎合しつつも、その横暴な態度に苦しみ、次第に対立するようになっていく。

その溥儀には、ひとつ違いの弟がおり、名を溥傑といった。関東軍はこの溥傑にも目をつけ、学習院に留学させた後、日本の陸軍士官学校に入学させる。さらには卒業して日本軍人となった溥傑に関東軍は日本の華族令嬢との結婚を承諾させたのだった。

令嬢の名は、嵯峨浩。嵯峨侯爵家の長女で大正三（一九一四）年に東京で生まれた。浩は女子学習院高等科を卒業後、油絵に熱中して気ままな生活を送っていたが、そこへ昭和十一（一九三六）年十一月に軍部から、この見合い話が持ち込まれたのである。

浩は画塾の友人に宛てた手紙に、「私は死んだつもりでお国のために結婚することにいたしました」と書いた。とはいえ、この言葉は必ずしも本心とは言えないようで、彼女の自伝を読むと、見合い写真を見た時から端整な顔立ちをした溥傑に惹かれ、かつ清朝皇帝の一族に嫁ぐことにロマンを感じていたことがわかる。

結婚式は昭和十二（一九三七）年の四月三日、軍人会館（旧・九段会館）で行われたが、軍人ばかりが出席する式に浩は不満を抱いたという。

その後、溥傑が通う陸軍歩兵学校に近い、千葉県の稲毛海岸で新婚生活が始まるが、夫は優しく、浩は質素な生活に幸福を感じていた。だが、ある日、その平穏な生活を破るニュースが飛び込んでくる。同年七月七日、北京郊外の盧溝橋で日本と中国の軍隊が衝突した、と。自伝に浩はこう綴っている。

「夫はそのニュースをきくなり、一日じゅう沈み込み、口をきこうとしませんでした。『日本がいけないのですね』私は、耐えきれなくなって、口を切りました」

その後、陸軍大尉として溥傑は、満洲国の首都、新京（長春）に赴任することになり、浩は長女の慧生（えいせい）とともに海を渡った。初めて溥儀皇帝夫妻ら、夫の親族に会う。

溥儀は当初、日本人妻である浩をひどく警戒していた。日本軍の送り込んだスパイであり、清朝の皇統に日本人の血を混じらせるために送りこまれたと、見ていたからだ。溥儀には妻が複数いたが、婉容（えんよう）皇后はもとより、誰ひとり溥儀の子どもを産んではいなかった。もし、弟の溥傑と浩の間に男児が生まれたならば、関東軍は日本人の血が半分入ったその子を次の皇帝にするのではないか。浩が男児を産めば、自分は用済みとして殺されるのではないか。溥儀はそのように案じていたのだった。

浩は新京に来てから妊娠し、二度目の出産をする。生まれたのは、また女児だった。男児でないことに関東軍の幹部たちは落胆した一方、溥儀は胸をなでおろしたのだった。

浩は新京に来てから、初めてこのような満洲国の現実を知った。関東軍がいかに現地で横暴に振る舞っているか。皇帝溥儀がいかに鬱屈（うっくつ）した思いを抱えているか。阿片に溺れる婉容皇后、中国人庶民たちの苦しみを。浩は満洲国が「王道楽土」でも、「五族協和」でもないことを知る。自伝にこう書いている。

「すべてに『日本第一主義』でした。これでは他の民族の人たちがついてくるはずはありません」

使用人たちは浩に本音をぶつけてくる。

「日本人、国取った、言葉取った。どうして自分たちをこんなに苦しめる」

浩は、なれるものなら中国人になり、彼らと一緒になって、思い切り日本人を罵倒したかった、とまで書いている。

やがて運命の昭和二十（一九四五）年八月を満洲で迎えることになった。九日、新京が爆撃される。ソ連が侵攻してきたのだ。皇帝一行とともに十一日、特別列車で新京から脱出することになった。

新京駅には、すでに日本人避難民が殺到していた。列車に乗ろうとする浩らに、避難民が縋(すが)りついてくる。「お願いだから子どもだけでも、この列車に乗せて逃がしてくれ」と言って。浩は後ろめたさに耳をふさぎながら乗車した。

列車はひたすら南下し、一行は通化(つうか)の東に位置する大栗子(ダーリーズ)に到着。玉音放送をこの地で聞いた。強引な建国から十三年目。満洲国がこの世から消えた瞬間だった。

飛行機で朝鮮経由で日本を目指し、皇帝溥儀は日本に亡命すると決まった。飛行機には溥儀とともに溥傑も同乗することに。一方、飛行機に乗れる人数は限られているため、皇后や浩は陸路と海路で日本を目指すことになった。これが運命の別れとなるとは思わずに。

溥儀らの乗った小型飛行機は奉天を目指し、そこで大型機に乗り換えて日本に行く予定であった。だが、奉天の飛行場に着いたところで、ソ連軍に捕縛されてしまう。

一方、浩や皇后の一行も、ほどなく中国共産党軍に捕まった。捕虜となり、その後、共産党軍の従軍に付き従う形となり、各地を連れ回され吉林省の留置場に。

阿片が切れて狂乱状態となる皇后を見て、兵士たちは笑い、「面倒だから殺してしまえ」という声が上がった。

二十三年前に十六歳で紫禁城に暮らす溥儀に嫁ぎ、ダイヤモンドや翡翠で装い暮らした皇后の婉容は汚物にまみれて廃人同然となり、最後は共産党軍によって打ち捨てられてしまう。

一方、浩は次女の嫮生の手を引き、流浪の末にハルビンでようやく共産党軍から解放される。浩はすぐさま日本人引揚者の中に「開拓団員の妻子」であると偽り、紛れ込んだ。日本への引揚船の到着を待つ。その間もソ連兵や国民党軍の兵士が日本人に女性を要求してくる。撥ねつければ日本人全員に危害が加えられるため、犠牲となってくれる女性を差し出すよりなかった。

こうした体験を重ねた末、終戦から一年四カ月後に浩と次女の嫮生は、ようやく引揚船で帰国を果たす。終戦前に日本へ帰国させていた長女の慧生と再会し、母子三人での戦後が始まった。ソ連軍に捕まった夫の溥傑は、いったいどこにいるのか。ソ連に抑留されているとは聞いたものの、その後の情報はなく、生死さえもわからずに年月は過ぎていった。

生まれつき聡明で溥儀にも深く愛された長女の慧生は成長するに従い、「日中の懸け橋になりたい」と考えるようになり、女子学習院に通いながら独学で中国語を熱心に学び始めた。

するとある日、信じられないことが起こる。日赤を通して届いた一通の手紙。差出人は中国にいる溥傑だった。そこには、「これも慧生のおかげだ。慧生の手紙を周恩来総理がお読みになり……」とあり、浩は初めて事情を知った。

慧生は、「父の消息を知りたいのです。親を思う子の気持ちを理解して欲しい」と周恩来に宛てて中国語で手紙を書き送った。これを読んで胸打たれた周が、戦犯収容所にいる溥傑に特別に文通を許可したのだった。溥傑は娘の見事な中国文の手紙を読んで感激し、女手で、これほどまでに娘を育ててくれた浩にも深く感謝した。文通が許され、慧生は父との再会を夢見ながら、中国語の手紙を送り続けた。

ところが、その慧生の姿が昭和三十二（一九五七）年十二月、突然、自宅から消えた。浩は誘拐を疑った。だが、数日後に天城山の山中で死体となって発見される。

学習院大学の男子同級生と並んで、頭をピストルで撃ち抜いていたのだ。メディアは「天城山心中」と書きたてた。身分違いの恋を悲観して心中したのだ、と。だが、浩は、娘にそのような意志はなく、無理心中に巻き込まれたのだと主張した。夫に手紙でこの事実を知らせることは、あまりにも辛かった。

慧生の死から三年後の昭和三十五（一九六〇）年、溥傑はようやく模範囚として釈放されることになり、周恩来から浩に打診があった。「溥傑と北京で暮らす気持ちはあるか」と。浩は迷うことなく、「そうしたい」と伝え、北京へと向かった。

大栗子での別れから十五年。ふたりは北京で再会を果たした。この時、浩の胸には慧生の遺骨が抱かれていたという。

夫婦は文化大革命の時代を含めて後半生を北京で暮らす。浩は昭和六十二（一九八七）年に七十三歳で、溥傑は平成六（一九九四）年に八十六歳で没した。

日満一体の象徴とされた二人。満洲国建国から九十年の時が過ぎた。だが、やはり九月十八日は中国において特別な日であり続け、そして日本人は、その日が何の日であるのかを知らずにいる。

第4章

社会に物申した女たち

岸田俊子

1864―1901

男女同権を唱えた元女官

平成から令和へ。時代が移りゆく中、男女同権という社会の実現を、形だけは整えようとしている。政界ではどちらの党も、「とにかく女を」と男たちが見繕う。だが、女性比率を表面的に整えようとしているだけのことだ。男女ともに肝心なのは中身であろうが、では、その中身を知るにはどうしたらいいのか。

明治期の自由民権運動に身を投じた先達の女性たちは泉下で、今の政治状況をどう見ていることか。とりわけ彼女などは。

岸田俊子、別名は中島湘烟（湘煙）。自由民権運動の女性闘士として活躍し、数多くの著作を残した。

俊子は元治元（一八六四）年（文久三年生まれ説もある）、京都に生まれた。生家は古着商から呉服商となった「小松屋」という商家であった。花柳界に遊び妾宅を構えて放蕩する父に代わって大店を切り盛りしたのは母のタカで、俊子はこの母から漢籍、仏典を学んで育つ。

小さな頃から神童として周囲に知られるようになり、京都府主催で行われた学力テストでは飛びぬけた成績を示して、〝俊英児童〟として表彰された。その際、京都の槇村正直（まきむらまさなお）参事（後に府知事）から直々に、「お前には俊英の俊の字こそ、ふさわしい」と言われ、以後、「小松屋トシ」と呼ばれていた少女は、「岸田俊子」と名を改めるのだった。

その後は特待生として中学、さらに京都府師範学校へ進学。しかし、教壇に立つ教師の学力が自分よりも劣ると感じた俊子は我慢できなくなり、退学すると十代にして家塾を開き、自ら塾長になって、生徒に漢籍を教えるようになる。

そんな彼女の運命が大きく変わるのは明治十二（一八七九）年。かつて俊子を〝俊英児童〟として表彰した槇村京都府知事と明治天皇の侍従であった山岡鉄舟（てっしゅう）に推挙され、女官として宮中に上がることになったのだ。

俊子は皇后（後の昭憲皇太后）に漢籍、とりわけ孟子を進講したというが、この時まだ十五歳。皇后は二十九歳だった。

俊子は公家どころか、士族の出でさえない。商人の娘だ。平民が宮中に入った初めての例であり、それゆえに大変な名誉と騒がれたものの、一方では物議を醸し、宮中では他の女官から見下されて悔しい思いをすることも多かったという。

利発な俊子は、矛盾だらけの階級社会である宮中生活に馴染むことができず、一年半後に辞職を願い出る。皇后には強く引き留められたが、俊子の意志は変わらず、最後は皇后が断念して、ようやく許可されたという。

俊子は東京から京都の実家へ戻ると、宮仕えの疲れを癒すために、母のタカを伴い、四国へと旅に出た。この旅が彼女の運命を再び変えることになる。訪問先のひとつであった四国の高知は自由民権運動の本拠地。かつまた、運動が最高潮を迎えていた時期だった。

明治の世となり、新しい国づくりが始まりはしたものの、依然として国会は開かれず、憲法も制定されない。明治維新の立役者となった藩は、薩長土肥と言われたが、現実には薩摩と長州ばかりが優遇されている。土佐（高知）の元藩士の間には不満が鬱積しており、それもまた、民権運動がこの地で燃え上がる理由のひとつとなっていた。

また、全国に目を転じても、政府への批判は高まっており、各地で新聞が作られ、政治演説会や懇談会が盛んに開かれていた。国会開設や憲法発布といった立憲政体の確立を早急に果たせと、政府を批判する気運が高まっていたのだ。

俊子は漢籍、とりわけ孟子の「治世」「斉国」を学んでおり、もともと社会問題、政治への関心が強く、新聞も好んで読んでいた。

そんな彼女が高知に行ったのだ。自然と民権運動家の男性たちと交流するようになった。とりわけ親しくなったのは、中江兆民だった。土佐藩士時代には坂本龍馬とも接点のあった彼は、自由民権運動の闘士となっていたのだ。他にも兆民の周囲にいる様々な男性論客たちと出会い、議論を重ねた俊子は、やがて彼らが発行する新聞に、乞われて寄稿するようになる。

男たちは俊子の博学と論理的な思考力に驚き、一目も二目も置いたが、俊子自身は彼らの思想や活動に共感しつつも、「自由」「平等」「民権」を声高に訴える彼らであってさえ、「女は男に劣る」と思い込んでいる点を鋭く見逃さなかった。自由民権の拡張の中には「女権の拡張」も含まれるべきだと俊子は彼らに強く説いている。

明治十五（一八八二）年、旅を終えて京都に戻った俊子は、大阪の道頓堀朝日座で立憲政党が開いた政談演説会に呼ばれ、壇上で初演説をした。

社会も家庭も男女同権であるべき、女性の教育のレベルで国の文明度は測られるのだ、と俊子は壇上から朗々と訴えた。

漢語交じりでよどみなく語り続ける俊子の舌鋒（ぜっぽう）の鋭さと端麗な容姿のギャップに、聴衆は熱狂した。

平民でありながら女官として出仕し、皇后にご進講までしていた女性が、男女同権を訴える自由民権運動家になったと評判になり、演説依頼が各地から殺到。俊子は要望に応えて、関西、四国、九州を回った。聴衆は時に二千人を超えたという。

ところが、明治十六（一八八三）年、大津で演台に立って熱弁を振るい、儒教的な良妻賢母教育を痛烈に批判したところ、俊子はその場で警官に逮捕され、牢屋に入れられてしまう。皇后のもとにいた元女官が八日間とはいえ牢に繋がれたのである。まったく前例のないことであった。

その後、女性が政治演説会に参加することが法律によって禁止されたため、俊子は活動の場を演説会から、文筆と教育事業に移した。

最も著名な論稿は新聞『自由燈』に連載された「同胞姉妹に告ぐ」であろう。中島湘煙の筆名で俊子は自分の思いを切々と書き綴った。

「我邦は古昔より種々の悪き教育習慣風俗のありて。（中略）其の悪しき風俗の最も大なるものは男を尊び女を賤しむる風俗これなり」

男を亭主、主人と呼び、女は下女扱い。これで文明国と言えるのか。男は強く女は弱いというが、ならば男の中でも強いものが偉いのか。それなら相撲取りでも摂政関白にすればいい――。

皮肉まじりに男たちを鋭く批判し、同時に女たちには覚醒を求めている。

このように男性社会を徹底して糾弾し、日本の結婚のあり方にも疑問を投げかけていた俊子であるが、二十二歳の時に結婚している。相手は同志の中島信行であった。

中島は元土佐藩士で坂本龍馬とともに海援隊で活躍した後、板垣退助が創立した自由党で副総理を務めた自由民権運動家。明治政府の高官でもあった。留学経験もあるクリスチャンで、この時代にはめずらしいフェミニストだった。だからこそ、俊子の心を摑んだのだろう。

男女は交際した後、愛に基づいて自分の意志により結婚するべきだという俊子の自説は家制度を維持するために親が決めた相手と結婚することが一般的であった当時において、「ふしだら」「危険思想」とまで、さんざんに糾弾されていた。そこで俊子は自らが男女対等な結婚生活を送り、自分の思想を実践して世間に示すよりないと考える。だからこそ、結婚後も仕事は辞めず、精力的に執筆を続け、中島とは互いに相手を敬い、愛し合う夫婦であり続けた。

十八歳年長の中島が明治三十二（一八九九）年に五十二歳で亡くなると、俊子も後を追うように明治三十四（一九〇一）年に肺結核で三十七歳の短い生涯を閉じた。

「女性蔑視の感性を改めなければ日本はいつまでも野蛮国のままだ」と説き続けた俊子の早すぎる死が惜しまれる。

中江兆民、徳富蘇峰（とくとみそほう）、陸奥宗光らに影響を与えたとも言われるが、果たしてどうであろう。彼女の訴えが真に権力の中枢にいる男性たちに受け入れられていたならば、その後の日本の歩みは、また違ったものになっていたのではないか。

出口なお

1837—1918

明治という時代が生んだ女教祖

貧しさゆえ、寺子屋にも小学校にも通えなかった。故に、文字を書くことはもちろん、読むことさえできない。そんな女性が五十歳を過ぎてから突如として「神がかり」となって、筆を手にすると猛烈な勢いで文字を綴り出したのだ。周囲が驚くのも無理からぬことであった。

目の当たりにした人々は、筆先からほとばり出た文字は神の声であると信じた。筆先が勝手に動く。神の託宣である、と。これを「お筆先（ふでさき）」として崇めるようになり、やがて老女を教祖として、大教団が出来上がっていく。明治に誕生した新興宗教「大本（おおもと）（大本教）」の始まりである。

開祖となった老女の名は、出口なお。幕末の天保七（一八三七）年、当時は丹波といわれた現在の京都府福知山市に彼女は生まれた。大工だった父の名は桐村五郎三郎、現在の綾部（あやべ）市から嫁いだ母の名は、そよ。桐村家は、もとはそう貧しい家ではなかったようだが、五郎三郎の放蕩がたたり、貧苦の底に突き落とされていく。

その上、娘のなおが生まれた天保七年は、あの「天保の大飢饉」の年である。母のそよは、とても育てていく余裕はないと考え、生まれたばかりの娘を手にかけようとした。当時は「間引き」といい、生まれ落ちた子をその場で殺める親は少なくなかった。だが、母が「間引き」をしようとした時、祖母が止めに入る。このように、なおは産声を上げた瞬間から、貧苦との戦いを運命づけられていたのだった。

十歳になる頃、父が亡くなり、なおは奉公に出され、必死に働いた。その後、十七歳で綾部村に暮らす母の妹、出口ゆりの養女になり、十九歳で政五郎という名の大工を婿に迎えた。しかし、夫の政五郎は父と同じく、酒飲みの放蕩者だった。なおは横暴な夫に仕えつつ三男五女を産み育て、屑買いや饅頭売りをして家計を支えた。

屑を買いに行くと、人にバカにされる。笑われたり、蔑まれたりする。だが、なおは身を小さくして屑を買い集め、人々の嘲笑や侮蔑を受け流した。貧苦の身は何かと肩身が狭い。だからこそ、なおは家の周りを掃き清め、貧しくても、清く正しく生き、後ろ指を指されまいと努め続けた。

最底辺の階層に置かれ、明治になっても文明開化の恩恵はまったく受けられない。いや、むしろ近代化の中で取り残され、貧苦の重みだけが増していった。

五十一歳の時に寝たきりだった夫がこの世を去った。だが、生活は少しも良くならなかった。幼い子どもを抱え、人にバカにされる屑買いの仕事を続け、頭を下げて回る。ところが、そんななおが、ある日、突然、男のような野太い声で、こう叫んだのである。

「三ぜん世界一度に咲く梅の花、艮（うしとら）の金神（こんじん）の世になりたぞよ。梅で開いて松で治める、神国の世になりたぞよ」

「神がかり」になったのだ。

周囲の人々は仰天し、当初は、こう哀れんだ。

「かわいそうに。なおさんは苦労がたたって、ついに気がふれてしまった」

この「神がかり」を、なおが初めて体験したのは明治二十五（一八九二）年、五十七歳の時のことだ。なおは自分の口から出る大声を止めたくても止められず、恥ずかしくてならなかったと語り残している。大声はなおの意志とは無関係に口から飛び出すのだ。

「世界の人民、早く改心いたされよ。足元から鳥が立つぞよ」

「日本と唐との戦があるぞよ」

後者は日清戦争を予言した託宣と後々、いわれることになる。

突然、物騒なことを叫ぶようになったなおは、放火犯の疑いをかけられ、ある日、警察に引っ張られた。また、世間体を恥じた長女の夫によって座敷牢に四十日、閉じ込められもした。なおは座敷牢の中で自分に降りてくる「艮の金神」という名の神に、必死にこう訴えた。

「私に降りてきて、大声で叫ばすことだけは、もうやめて欲しい」

すると、その「艮の金神」は、なおにこう答えたという。

「では、これからは、文字にて伝えることにいたそう」

直後、なおの身体は突然、勝手に動き、床に落ちていた古釘を拾いあげると、柱に向かって文字を刻み始めた。これが「お筆先」の始まりだ。座敷牢から出されたなおは、筆を持つと半紙に次々と文章を書くようになる。文字を知らないのに、勝手に手が動いて、長文が綴られていくのだ。なおも周囲も驚いた。たとえば、こんな文章が「お筆先」によって出現するのである。

「今の世の中は獣の世であるぞよ」

強いものが勝つ、という世になっている。それは邪神を皆が信じているからで、改心しなければ、大きな祟(たた)りがある、と。それが、「艮の金神」の主張であり、なおの「お筆先」は、社会批判、警告、予言の要素が強かった。

「露国からはじまりて、大たたかいがあるともうしてあるが、これからだんだんと世がせまりてきて、世界中の大たたかいとなりて、とことんまで至りて、むこうの国がひとつとなりて、皆、攻め来たりたおりには、とてもかなわんという人民が神から見れば、九分まであるぞよ」

この「筆先」（明治三十六年）は日露戦争から第二次世界大戦、日本の敗戦までを言い当てたものだと、現在も信じられている。

神がかりするようになったなおには、人の病を治す力も授けられ、「綾部の金神さま」と言われて生き神のように崇められるようになる。

だが、なおは自分の身に突然生じたこの現象に戸惑い、なんとか元の自分に戻りたいと願っていた。どうしたら戻ることができるのか。いったい自分はどうなってしまったのか。自分の身に何が起こっているのか。様々な易者や僧侶、霊能者のもとを訪れては相談したが誰一人、答えを出し、問題を解決してはくれなかった。

そんな中で、なおはある日、不思議な青年に出会う。青年の名は、上田喜三郎。明治四（一八七一）年に現在の京都府亀岡市の農家に生まれた上田は、学校教員や牧畜業などをしながら、言霊学や神道を学んでいた。

そんなある日、神から「西北へ行け。お前を待っている者がいる」との啓示を受け、その言葉を信じて西北の方向に歩いていたところ、なおに出会ったのだと語っている。神道を修めていた上田は、なおに憑いた神を見分ける審神者の役目を果たした。さらに、なおの末子である澄子と結婚。名を出口王仁三郎と改める。以後、彼が、なおを開祖として大本という大教団を作り、運営していくのである。

大本の信者の多くは、当初はなおと同じような貧しい日本の民衆たちであった。だが、王仁三郎が現れ、信者には日本のエリート層が増えていく。

東京帝大を出て海軍機関学校の英語教官をしていた浅野和三郎は退官後に入信。その実兄である海軍中将の浅野正恭も一時、大本に熱狂する（その後、離脱。浅野兄弟はその後も心霊研究に没頭する）。海軍中佐の飯森正芳も退官後に入信。また、司馬遼太郎『坂の上の雲』に描かれた海軍少将、秋山真之も一時は大本の信者となる（彼には宗教遍歴の傾向があり、後に離脱）。

なおは大正七（一九一八）年に八十一歳で生涯を閉じたが、その後、巨大な宗教団体となった大本は、その勢力を怖れた政府により二度の大弾圧を受けて今に至る。

社会の最底辺に置かれた一女性が「神がかり」して人々に崇められるようになり、近代日本で最高の教育を受けた男性たちが信者となってひれ伏し、国の命運を握る軍のトップが救いを求めた。この事実をどう受け止めればいいのだろう。

大本と同じような形で生まれた新興宗教に、天理教がある。

こちらは津藩の庄屋の娘であった中山みきが教祖である。天保九（一八三八）年、みきが長男の病気回復を祈っていたところ、突然、神が憑依（ひょうい）した、という。みきもまた「おふでさき」を書き残している。

神がかりする女性のもと、巨大な信仰宗教団体が生まれた。近代化を急ぎすぎた結果、土俗的な信仰を人々の心が求めたのか。明治の日本社会に起こったひとつの不可思議な現象である。

管野須賀子

1881—1911

幸徳秋水の片腕となったジャーナリスト

恋人であった幸徳秋水とともに大逆罪で捕えられ、死刑に処せられた管野須賀子（スガ）は、明治時代に女性新聞記者として生きた婦人運動家である。

大逆罪とは大日本帝国憲法のもと存在した刑罰のひとつで、天皇、皇后、皇太子などに危害を加えようとする罪に適用されるものだった。

明治天皇の爆殺を企てた、というのが管野にかけられた嫌疑であったのだが、今日では、そのような事実はなく官憲によって捏造された冤罪との説が色濃い。

須賀子は逮捕された時、無政府主義者の幸徳秋水と付き合っていた。だが、その妻ではなかった。

「男から男へと渡り歩いてきた女」「妖婦」「幸徳秋水をたぶらかせた魔女」。そんなレッテルを貼られているが果たして、そうした評は正しく彼女の実像を表しているのだろうか。

こうした悪評の出元は、はっきりとしている。須賀子を攻撃したのは、思想的に対立する保守層の人々ばかりではなかったのだ。むしろ同じ思想信条を持って活動していた同志たち。中でも幸徳秋水を師として仰ぎ見て取り巻いていた弟子を自認する男性たちが、嫉妬もあり、須賀子を激しく攻撃し貶め、妖婦像を広めた。

自分たちの尊敬する師匠が、新入りの須賀子に夢中になった。男女関係となり同棲するだけならまだしも、女の須賀子を雑誌『自由思想』の編集名義人とした。師に尽くしてきた男の弟子たちからすれば、面白くはなかったのだろう。彼らは須賀子の文筆家としての実力を自分たちよりも下と見ていたのだから。

また、須賀子は、もとは幸徳の弟子にあたる荒畑寒村の恋人であった。それも反感を買った一因であった。幸徳が横取りしたのだと言えるが、周囲は須賀子が無名の寒村を捨てて、著名な幸徳に乗り換えたと見た。幸徳には糟糠の妻がおり、その上での交際でもあった。幸徳を非難することは男の弟子たちにはできない。たぶらかした女が悪いのだと、ひたすら矛先は須賀子に向けられたのだった。

なかでも、須賀子に捨てられた荒畑寒村の恨みは深く、戦後に『寒村自伝』を書き残したが、そこでも須賀子を激しく誹謗中傷している。

曰く、須賀子は子ども時代に継母の奸計により炭鉱夫に凌辱された女である。それが契機となって無軌道な男性遍歴を重ねるようになり、肉体を差し出すことで、新聞記者としてのキャリアを積み上げていったのだ。だから、須賀子の下手な小説や記事でも、掲載されたのだ、とまで書いているのだ。

この元恋人、寒村の証言は検証されることなく流布され、その結果、「妖婦」須賀子像が確立されていった。瀬戸内晴美（寂聴）も寒村に話を聞き、モデル小説『遠い声』を書いている。

だが、ようやく近年、須賀子に恨みを持つ寒村らの証言だけに依拠するのではなく、須賀子が残した一次資料からその実像を明らかにする研究が進み、彼女の本来の姿が浮かび上がってきた。

立ち現れたのは、徹底した「書く女」の姿だ。官能の人ではなく理性の人であり、戦う女性ジャーナリストであったのだと理解できる。

須賀子は明治十四（一八八一）年、大阪に生まれた。父親は京都所司代に勤めていた元武士で維新後は裁判官や代言人（弁護士）をしていたが、鉱山経営に手を出して失敗する。そのため、須賀子は女学校には進学できなかった。だが、生まれつき知的で、とりわけ文才に恵まれていた。

十代後半で東京深川の裕福な商家に嫁いだが、夫の芸者遊びに嫌気がさして離婚。大阪に戻るとキリスト教に帰依してクリスチャンとなる。

この結婚生活で感じた疑問や怒りから、宇田川文海のもとで文学を学び、文海が経営していた『大阪朝報』で新聞記者に。女性ジャーナリストとして健筆を振るうようになった。

第五回内国勧業博覧会の取材にあたった際には、芸者の手踊りが披露される予定だと知り、激しくこれを糾弾する。

「醜業婦の歌舞は、博覧会の品位を汚し、外国に恥をさらす国辱である」と。

明治政府の元勲の妻の多くが、須賀子の言うところの醜業婦、つまりは芸者であったことを考えれば、この記事が、どれだけ過激で挑戦的な発言であったかを理解できよう。

だが、その後、彼女は花柳界や廓に身を置く女性たちを「醜業婦」として批判したことを反省し、女性たちを攻撃するのではなく、そのような買春を容認する社会構造そのものを問題視するようになっていく。

須賀子は、非戦論を訴える論陣を張っていた平民社の堺利彦らとも交遊するようになり、その縁から毛利柴庵（さいあん）が主筆を務め和歌山県下で発行されていた新聞『牟婁（むろ）新報』にも小説や評論を、外部記者として寄稿。さらに毛利が筆禍から投獄された際には、代わって主筆代理を務めた。女が新聞紙面の筆頭責任者になったのだ。須賀子の実力が秀でていた証左であろうが、反発もまた大きかった。

当時、和歌山県は遊廓設置の是非をめぐって揺れていた。須賀子は徹底して、設置反対の論陣を紙面で張り続け、利権の絡んだ遊廓推進派の地元有力者たちと激しく対立した。

この時、同じく『牟婁新報』に一新聞記者として在籍していたのが荒畑寒村だった。だが、彼は社内が混乱し、地元有権者が武力で新聞社を攻撃するようになると退社し、都会に逃げ帰っている。一方、須賀子は、最後まで逃げずに重責に耐えて、毛利が獄から戻るまで、主筆としての義務を全うするのである。

その後、須賀子は上京して『毎日電報』に入社。その頃から六歳年下の寒村と交際するようになり同棲もするが、彼の幼児性に早くから嫌気がさしていたようである。また、この頃から結核を患い、健康を害して寝付くようになっていく。
こうした中で、惹かれていった相手が、寒村の師匠にあたる幸徳秋水だったのである。

須賀子はエッセイで、日本の男たちは一夫一婦制など守ろうともしないし、公娼制度も存在する。それなのに、女には貞操を求めている、と、その矛盾を批判した。

このような男性閥とは徹底して戦わなくてはならない。若き女性よ、結婚を急ぐな。売買結婚などやめておけ、己の修練にこそ励めと、須賀子は書き残している。

こうした考えを持つ彼女が「男から男へと渡り歩いた淫乱な妖婦」であったとは、到底思えない。幸徳に惹かれたのも、肉体による結びつきというよりは精神面や価値観の一致によるところが大きかったのであろう。だいたい、幸徳と付き合っていた頃の須賀子は肺病が進み、ほぼ病床の人であった。

幸徳は須賀子の文才を高く評価しており、少なくとも寒村のように、「文才などかけらもないのに肉体でのしあがった」と攻撃するような男尊主義者ではなかった。

彼女は理想の男性を、平等な人間関係を傷つきながらも、求め続けずにはいられず、その結果、幸徳に出会ったのだろう。

非戦を訴え、無政府主義を主張する平民社への弾圧は日に日に強まり、ついに明治四十三（一九一〇）年、幸徳や須賀子を含む二十四人が明治天皇の爆殺を企てたとされ、一斉に逮捕された。

須賀子は重い肺病で余命が知れていた。そこで仲間たちの罪状が少しでも軽くなるように、身に覚えのないことであっても代わりに引き受けようと、考えたのだろう。事実を主張せず、裁判では、ほとんど抗弁もしなかったという。そんな彼女が獄中で詠んだ歌が残されている。

十万の血潮の精を一寸の　地図に流して誇れる国よ

日本中が日露戦争の勝利に酔いしれて、戦死者のことを忘れている。その現状を嘆いた歌である。徹底した非戦論者でもあった須賀子は、死刑となりゆく自分の身よりも、日本という国の未来を憂いていたのだった。

須賀子のことは、これまで幸徳秋水の愛人、という面のみが強調されてきたが、彼女自身の在り様を正しく知るには、その書き残したものにもっと注目すべきであろう。

明治四十四（一九一一）年一月二十五日。幸徳が大逆罪で死刑に処された翌日、須賀子もまた絞首台の階段を上り、わずか二十九年の生涯を閉じさせられた。

彼女が危惧したとおり日本はその後、焼け野原となる道を突き進んでいった。

金子文子

1903—1926

自我に目覚めた「革命家」

今から百年前の大正十二（一九二三）年九月一日、大震災に見舞われた関東地方では地震発生時から朝鮮の人々が殺害される事件が頻発した。

余震と火災が続く極限状態のなかで「朝鮮人が日本人を襲い、暴動を起こそうとしている」「朝鮮人たちが井戸に毒を投げ込んでいる」といった噂が流れ飛び、一般の日本人だけでなく、警察までもが加担して、朝鮮の人を、あるいは、朝鮮人と疑われた日本人を殺したのだ。極限状態の中で起こった狂気の出来事であった。

金子文子と朴烈（パクヨル）が身柄を警察に拘束されたのは大震災が起こった二日後の九月三日。こうした「朝鮮人狩り」から守るための保護拘束だと、当初、ふたりは説明された。

ふたりは無政府主義者（文子は虚無主義と主張）として活動していたものの、世間的には無名と言っていい存在だった。

朝鮮生まれの朴烈は二十一歳、文子は二十歳。ふたりは無政府主義に関心を寄せ、朝鮮人の社会主義者たちと付き合い、「権力に対して叛逆する」ことを目的として不逞社（ふていしゃ）という結社を作り、下宿先には、社会主義者の若者がよく集まってはいた。とはいえ、何か行動を起こしたことは、それまでに一度もなかった。

　一方、警察は震災後、朝鮮人の活動家を片端から捕えて回っていた。その網に、朴と文子、それに不逞社の仲間たちはかかったのだ。

　それにしてもなぜ、この時期だったのか。

　震災によって朝鮮人虐殺が起こった。それを正当化するためにも、「不逞な」朝鮮人が実際にいたという証拠が欲しかったからだ、という説もある。あるいは朝鮮人が暴動を起こそうとしているという噂を、頭から信じてのことだったのか。

　途中でふたりの拘束理由は、保護から治安警察法違反などにすり替えられ、さらには皇太子暗殺を計画したという大逆罪に問われるようになる。

　当初、朴は沈黙していた。だが、拘束された仲間が、「朴烈は皇太子の殺害を画策し爆弾を上海から入手しようとしていると刑事から聞かされ、突如、「それは事実だ」と語るようになる。文子もまた、朴と歩調を合わせるように、「皇太子の結婚式に、皇太子の暗殺を決行するつもりだった」と答えるようになった、とされる。

　だが、実際のところ、天皇制に反対する立場を取ってはいても、具体的に暗殺計画を練ったことなど、なかったという。

　にもかかわらず、朴烈と文子が皇太子殺害を企てたと自ら語るようになったのは、ただ他の仲間たちを拷問や極刑から守りたいと、考えてのことだったようだ。

文子と朴は常々、細く長い無意味な人生を送るよりも、意味のある死を選びたいと夢想していた。今回の逮捕を逆手にとり、世間の耳目が自分たちに向けられる中、尋問や公判の場を利用して自分たちの思想や考えを社会に訴えるチャンスであると、考えたようでもある。たとえ、その結果、自分たちの人生が死刑という形で終わっても構わない、と。だからこそ、残された文子の調書からは、ある種の熱がひしひしと伝わってくるのである。

担当判事に、

「被告はなぜ皇太子に危害を加えようとしたのか」

と問われて、文子はこう答えている。

「わたしはかねて人間の平等というものを深く考えております。人間は人間として平等であらねばなりません」

万世一系(ばんせいいっけい)など信じられようもない。そういう無理のある神話を受け入れている日本の民衆はあまりにも遅れている。神の軍隊なら死者は出るはずもなく、天皇の赤子(せきし)である国民が飢えに泣くわけもない。天皇は神などではなく、私たちと同じ肉塊にすぎないはずだ、と文子は述べた。

担当判事はこうした「不敬」な発言を滔々(とうとう)と続ける被告人の文子に、なんどとなく改心を促そうとした。極刑を免れさせてやりたいとも思ったのだろう。また、判事には、なぜ日本人である文子がそこまで天皇制や日本社会を嫌悪するのかが理解できず、その理由を朴に求めようとした。裁判で判事は文子に尋ねた。

「お前は民族主義者である朴烈に引きずられ、義理立てをしているだけなのではないか」

文子は判事の言葉を否定した。

「自分の思想信条は朴烈と知り合う前から形成されたものであり、家庭環境と日本社会から受けた圧迫の結果である」

これを聞いた判事は、文子に生い立ちを振り返り、手記を書くようにと勧める。文子もこの提案には素直に応じて、膨大な手記を書き上げて提出した。

それが、彼女の死後に発表されることになる獄中手記『何が私をこうさせたか』である。圧倒的な文章力、溢れる思いは読む者を圧倒する。

手記によれば、文子は父の戸籍に入れてもらえず、無籍者ゆえに小学校にも入学できなかったという。さらに父は、母の妹とも関係を持ち家庭を捨てて行方知れずとなる。一方、母もまた、男を渡り歩いて文子を顧みようとしなかった。やがて、朝鮮半島で暮らしていた父方の祖母に文子は引き取られる。

「自分が暮らす朝鮮に連れて帰り、何不自由なく育てる」という祖母の言葉を文子は信じた。だが、その地で待っていたのは、女中以下の暮らしだった。実の祖母に虐待され、逃げたくても逃げる先がない。そんな文子は自分と同じように日本人に虐げられて生きる朝鮮の人々に、わが身を重ねたのだと書き綴っている。

七年後にどうにか帰国を果たすが、今度は実父によって実母の弟と肉体関係を持たされてしまう。肉親からの理不尽な扱いは続き、文子は家制度、家父長制に対して、恨みを募らせるのだった。

家族との縁を切り、東京に出て住み込みの新聞売りや女中をしながら、少しでも英語や数学、漢文を学びたいと願った。その後、弱者救済を訴えるキリスト教救世軍の若者や社会主義者の男性たちと交流するようになるが、口では理想的なことを言う彼らもまた、女性を見下す価値観を持ち、女である文子に近づいてきては、肉体を要求してくる。それでも、文子の筆は自己憐憫（れんびん）には陥らず、不幸であったからこそ、自分自身を見い出すことができたのだという結論を導いていく。

「私は私自身でなければならぬ。私はあまりに多く他人の奴隷となりすぎて来た。余りにも多く男のおもちゃにされて来た。私は私自身を生きて居なかった」

そう気づいたまさにその時、朴烈という朝鮮人男性に出会い、初めて相手の中に自分を見い出したように思って、愛に基づき結ばれた。ところが、その翌年に震災が起こり、逮捕されてしまったのだった。

皇太子を害そうとしたという容疑で逮捕されてから三年後の昭和元（一九二六）年、長い取り調べの末、ついにふたりに判決が下される。

大逆罪で死刑——。その瞬間、朴烈と並んで腰かけていた文子は「万歳！」と叫んだと伝えられる。

ところが死刑が決定した翌月、皇太子が天皇に即位したことによる恩赦で、ふたりは「無期懲役」に減刑される。だが、文子は特赦状を刑務所長の前で破り捨て、その三カ月後、獄中で「自殺」を遂げたとされる。

本当に自殺であったのか。関係者は真相を求めたが警察は取り合おうとせず、死因は今も謎に包まれている。

謎といえば、文子の死後にある写真が出回り、大きな騒ぎとなった。予審中に撮られたと思われる一枚で、朴烈が文子を膝の上に乗せ、後ろから抱きすくめているのだ。国会でも取り上げられ、時の内閣を揺るがす事態となった。いつ、どのような意図で撮られたのか。合成写真ではないのか。これも、すべては謎のままである。

朴烈はその後、獄中で転向を表明して日本人として生きる、と宣言。それまでの反日的な思想、朝鮮独立を支持する考えを捨てると訴えたものの、釈放はされなかった。二十二年間を刑務所で過ごし、戦争が終わった昭和二十一（一九四五）年十月にようやく釈放される。すると彼はその後、韓国に戻り、今度は反共主義者となった。親米路線の李承晩政権では、重用されるが、このような転向を強く批判されもした。朝鮮戦争が起こると朴は北朝鮮軍に拉致され、今度は共産主義に再転向したと発言させられ、昭和四十九（一九七四）年七十一歳で北朝鮮にて死去。スパイ容疑をかけられて処刑されたとの説もある。

文子は自分が愛した朴の、その後の人生をどう思うことだろう。

「自分の行為の主体は完全に自分自身である事を人間は自覚すべきである。そうする事によってこそ、初めて、人は誰をも偽らぬ、誰にも怯えぬ、真に確乎とした、自律的な、責任のある行為を生むことが出来るようになるのだ」
革命を信じた文子が獄中で綴った言葉である。

羽仁もと子

1873―1957

新しい家庭人を目指した教育者

女性ジャーナリストの草分けであり、思想家、教育者として知られる羽仁もと子。新聞記者を経て雑誌『婦人之友』を創刊し、さらには自らの思想に基づく理想の学校を、との思いから、今も東京都東久留米市に存続する「自由学園」を創立した女性である。

もと子は明治六（一八七三）年、青森県八戸市に松岡もと子として生まれた。松岡家を守っていたのは南部藩士の祖父で、東北の質実な士族家庭で育つ。

だが、十一歳になった時、悲しい出来事に直面する。町の芸者に父が夢中になってしまい、家庭を顧みなくなったのだ。家の門口にまで芸者たちが押しかけてくるようになり、もと子は「あんな女を相手にしないで」と父に迫り、「何を生意気な」と父の怒りを買った。

小さな町では隠しようもなく噂の的となり、やがて祖父の判断で婿養子の父は松岡家から追い出されてしまう。

小学校高等科を卒業したもと子が、東京の女学校に進学したいと強くせがんだ時、父を失った孫娘を哀れに思う気持ちもあったのだろう。祖父は無理をして、これを許した。

雪道を橇（そり）に乗ってもと子は八戸を出発する。仙台経由で東京へ。青森の小さな田舎町から一歩も出たことのなかった少女は、仙台に着いた時から目に映る光景に圧倒された。そんな少女が東京に出たのだ。まるでそこは異国だった。もと子は東京に深く魅了される。東京で起こること、そのすべてに心が引き付けられた。東京を知りたい、東京を見たい、そんな思いで少女は毎日、歩き回った。

「東京という社会が、私の真剣な興味と問題になってしまった」

自分の足で歩き、自分の眼で見る。すでにこの頃から、彼女にはジャーナリストとしての資質が表れていたのだろう。だが、その結果、学校の勉強はおろそかになる。東京府立第一高等女学校を卒業し、（東京）女子高等師範学校を受験するが、不合格であった。

ただし、プロテスタントの信者となり受洗もした彼女の興味と関心は、宗教と文学に傾いており、官学の教員養成学校である女子高等師範学校に不合格となったことは、少しも痛手ではなかった。

彼女には他に入学したい学校があった。愛読していた『女学雑誌』の発行人である巌本（いわもと）善治（よしはる）が運営する明治女学校（第5章の若松賤子を参照）である。

だが、問題は学費だった。私学に入るだけの金銭的な余裕は松岡家にはなく、とても祖父に援助は求められない。だが、もと子は自分の力で道を切り拓こうとする。入学を希望する思いと家庭の金銭事情を率直に書き綴った手紙を、教頭である巌本に何度となく書き送ったのだ。巌本はその熱意に打たれ、もと子に『女学雑誌』の校正を手伝うという名目を与えて、特待生として受け入れるという配慮を示した。

明治女学校で、もと子は青春の日々を謳歌した。卒業後は帰郷し、地元の小学校に就職する。だが、東京で刺激的な日々を送った彼女の心は満たされなかった。それもあってだろう。彼女は、ある恋愛に突き進んでいく。相手の男性とは主に、文通を通じての関係であったらしい。田舎での生活から何とか抜け出したいという思いが、もと子を逸(はや)らせたようである。

もと子から押しかけるようにして結婚するものの、初めから無理があったのだろう、わずか半年で破局してしまう。離婚の理由を彼女は、相手が酒を飲んで遊び場に入り浸るようになったから、と、している。生き別れとなった父と夫の姿が重なって見えたのだろうか。

半年で離婚したとは、さすがに祖父母や母には言えず、故郷には、帰れなかった。嫁ぎ先の京都から彼女の足は自然と東京に向かった。とはいえ、何のあてもない。彼女は住み込みの女中になって働こうと決心し、実行に移した。

斡旋された先は、後でわかることだが吉岡荒太、彌生夫妻の家だった。この偶然の出会いが彼女の人生を再び大きく変える。

吉岡夫妻は至誠病院を経営し、また、妻の彌生は、医師免許を取り、東京女医学校（後の東京女子医科大学）を夫とともに創立した女性でもあった。

もと子は素性を隠して女中となったが、夫妻はすぐに、若いもと子を見て、通常の女中志願者とは違うと気づく。

事情を知った夫妻はもと子を書生として遇し、「もっと自分にあった仕事を見つけるように」と励ました。もと子は夫妻の応援を受けて、寄宿しながら就職先を探して再び小学校教師になる。だが、その頃には、物を書いて身を立てたいという思いを強くしていた。

その後、報知新聞が校正係を募集していると知って、これに応募。女性は対象外とされていたが、もと子は履歴書に嘆願の手紙を添えて訴えた。すると実際に校正の力をためされた上で、入社を許される。入社後は校正の仕事の傍ら取材に出て記事を書き、上司に提出。その出来栄えが高く評価されて記事は紙面を飾り、記者職への異動が叶う。同社における女性初の新聞記者となったのだ。

もと子はこのように目の前に壁があっても、常に体当たりをして扉を開き、突き進んでいくのである。

その後、同社に入社してきた羽仁吉一(よしかず)と恋愛し、結婚。会社を辞めると、夫と協力して、雑誌『家庭之友』(後の『婦人之友』)を創刊する。主婦としての立場から、母親としての立場から気づいたことを綴るようになる。家計簿を発明したのも、もと子だった。

もと子は次々と出産し、子どもを育てながら仕事を続けた。すると子どもの成長に伴い、自然と教育問題に心を寄せていった。自分の子どもを入れたいと思う理想的な学校がないならば自ら作りたい、と。

こうして彼女は夫とともに、「自由学園」を創立するのである。

「思想しつつ、生活しつつ、祈りつつ」

自由学園はキリスト教の考えをベースに、生徒たちが自主的に学び、成長していくことを教育理念とした。

「自分の頭脳を物をおぼえる機械のようにして教師の前に提出したり、両親の意志を実行する機械のような子供のあることは、長い間の詰め込み教育――それを盛んに攻撃しながら、やっぱりそこから抜けきらずにいる今の教育の害毒」だと、もと子。

彼女は常に人間と人間社会を探求し続け、人間を考えることを重視していた。人間を知らないで人間を生きようとするのは無理なことだ、人は自己に対する知識を基礎に人間を考えることができ、人間を知りつつ、さらに自分に注意することによって、はじめて自分の個性を発見し、独自の使命を感ずるようになっていくのだ、と。

戦時下には様々な苦労があった。「自由」という名称を変えるようにと軍部に迫られたならば、応じるよりは学校を閉鎖しようと考えていた、という。

働くことが好きで、老年も積極的に活動したが、昭和三十（一九五五）年に最大の理解者であった七歳年下の夫吉一が亡くなると、その二年後にもと子も八十三歳の生涯を閉じた。常に理想に向かって前向きに、かつ果敢に挑んでいく。その結果、いくつもの扉が開かれていった。

「人生の生き方には常に二つの力が働く。それは、やってみよう、と、やってもどうせ駄目の二つの力だ」
もと子が私たちに残した言葉である。

第5章

才能を発露した女たち

楠本イネ 近代医療制度に押し潰された名医

1827―1903

目鼻立ちのはっきりとした西洋人風の容貌は、今では憧れの的である。だが、かつては西洋人の血を受け継ぐ女性、あるいは西洋人と関係をもった女性は世間から批判され、激しい差別の中に生きなければならなかった。

鎖国政策を取った江戸幕府が唯一、ヨーロッパとの貿易の場としたのが、長崎県の出島である。当初の貿易相手国は、ポルトガルやスペイン、イギリス、オランダ。だが、貿易不振でイギリスが撤退。その後、幕府はカトリックを信奉するスペイン、ポルトガルの入港を禁じ、最終的にはオランダだけが残された。

出島のオランダ商館には様々な人物がやってきたが、今でもその名を知られているのは、「シーボルト事件」を起こしたフィリップ・フランツ・フォン・シーボルトだろう。

彼はオランダ人ではなく、実際にはドイツ人だった。代々、医者や学者を輩出してきた名門貴族の出身で、シーボルト自身も大学では医学、植物学、動物学、地理学などを幅広く学んでいる。知的好奇心の強かった彼は次第に東洋を探訪したいという強い思いにかられ、日本行きを夢見た。だが、日本にはオランダ人でなければ滞在できない。そこで、オランダ国王の侍医に斡旋を頼み、オランダ人であると偽り、出島のオランダ商館に医者として赴任したのだった。

彼は出島で医師として患者を治療するだけでなく、塾を開いて西洋医学を学びたいという日本人青年たちに、理論や技術を惜しみなく教えて弟子とした。

と同時に、他のオランダ人商人と同様、長崎にある丸山遊廓の遊女を日本滞在中の「日本人妻」とする。シーボルトが選んだ相手は遊女の「其扇（そのぎ）」。本名は楠本滝という、まだ十代半ばの少女だった。当時の丸山遊廓ではオランダ人を相手にする遊女は一番格下とされ、唐人（とうじん）（中国人）を相手にする遊女よりも低く見られていたという。

シーボルトが来日してから四年後、滝は彼の子を産む。女児で「イネ」と名付けられた。しばらくはシーボルトに守られ、母子は幸福な日々を送っていた。しかし、シーボルトが外国に持ち出すことを固く禁じられていた日本地図を国外へ持ち出そうとしたことが発覚。幕府の咎（とが）めを受け、国外退去処分を受ける。世に言う「シーボルト事件」である。シーボルトは急遽、立ち去ることになり、滝とイネは長崎に取り残された。以後、「異人と関係を持った遊女親子」と、白眼視されながら暮らすことになるのである。

とりわけ幼いイネは、どう見ても西洋人の血を引いていることが一目瞭然で、隠しようがなかった。母は三味線や裁縫をイネに教え込もうとしたが、人一倍賢い少女は「ふつうの女のような一生は望まないし、望めない」と早くから悟っていた。

二歳の時に生き別れた父シーボルトを心の中で思い続け、次第に少女は父のような立派な蘭学医になりたいと願うようになる。

女の身で医者になることなどできるのか。いや、自分には父の血が流れているのだから、成せば成るはずだと、イネは考えたのだろう。

地元の長崎で漢学と蘭学の基礎を修めると、十四歳のイネは伊予国（愛媛県）の宇和島へと、ひとりで旅立つ。父の弟子のひとりで、名医の誉れ高い二宮敬作（けいさく）を訪ね、その内弟子となり住み込みで医学を学びたいと考えたのだ。

そんなイネの行動を、母の滝はオランダにいるシーボルトに手紙で報告していた。

「イネはあなたを慕って医学の道に進もうとしています」

二宮のもとで五年間、学んだイネは産科の技術も身に着けたほうがいいと助言され、続いて岡山にいる医師の石井宗謙（そうけん）のもとで、内弟子生活を送ることにした。

石井もまた、シーボルトの弟子のひとりだった。だが、二宮とちがって石井は、この師匠の娘であるイネに炊事や洗濯を押し付け、下女のように扱った。その上、あろうことか、美しく成長したイネを強姦する。

イネは母のいる故郷の長崎へ戻るが、すでに妊娠していた。ひとりで出産に臨み、自らへその緒を切った。生まれた子は、女児だった。こうした事情から授かった子どもだったが、イネは妊娠の経緯は、この子どもとは無関係であると考え、「天がただ、子として私に授けたのだ」の意味を込めて、娘に「タダ」と名付けた。

母はらしゃめんと蔑まれた西洋人相手の遊女、父は国外退去処分となったシーボルト。混血ゆえに受ける差別に加えて、未婚の母という重荷をも背負うことになったイネは、さらに医学に没頭した。大村益次郎からはオランダ語を習い、長崎に戻るとオランダ人医師の元で、罪人の解剖から外科手術までを貪欲に学んだ。

娘のタダは、母をしのぐ美貌の持ち主となり、イネが御殿医として勤めた宇和島藩邸に奥女中として、幼くして引き取られることになった。藩主の伊達宗城は、「タダ」ではあんまりだと思い、自ら考え「高子」という新しい名を与えた。だが、このタダ改め高子も、この後、知人に強姦されて未婚の母になるという運命をたどってしまうのだった。

安政五（一八五八）年、日蘭修好通商条約が結ばれ、翌年、父シーボルトが許されて再び、来日できることになった。

生き別れてから三十年。イネと滝は心躍らせて、その日を待った。

滝、イネ、高子――。三代の女たちは、出島で揃ってシーボルトを迎えた。だが、シーボルトはすでに六十三歳。三十年の歳月は長すぎた。彼は妻、娘、孫娘を目の前にしても、よそよそしく他人行儀だった。

イネは自分が医者になったことを、誰よりも父が喜んでくれているものと思い込んでいた。そのため、少なからずショックを受けた。父の関心を引きたくて、「自分が抱えている重病患者を、お父様に診察して欲しい」と持ち掛けもした。だが、シーボルトはそれほど興味を示さない。イネは父の態度に失望するが、一方、シーボルトにも事情があった。

というのも、彼は日本を追放されて欧州に戻ってからというもの、もっぱら東洋学の専門家として活動し、医学から遠ざかっていたからだ。娘のイネに医者としての自分を求められても、応える自信がなかったのかもしれない。イネが「家で食事を」と誘っても、口実を作って避けることがあった。

元妻の滝は、すっかり年老いてしまっている。言葉の問題もあり、心がそう通い合うことはなかったようだ。代わって彼が関心を向けたのは、下女として雇った十六歳の「おしお」という少女だった。プレゼントを贈って言いより、ついには妊娠させる。イネはこれを知って怒り、悲しんだ。

三年後の文久二（一八六二）年、日本で収集した品物を船いっぱいに積み込むと、シーボルトは再び母国へと帰っていった。おしおと、その子どもは、滝とイネがかつてそうされたように、出島に置き去りにされる。イネは、この時、父をどんな思いで見送ったのだろうか。

尊王攘夷が叫ばれ、外国人が辻斬りされる幕末の混乱の中を、イネは生き抜いた。西洋医学が尊重されるようになると、その名声は高まり、明治六（一八七三）年、天皇の側室葉室光子が出産する際には、宮内庁から産科医として招かれるほどになる。自分の姓を冠した個人病院も、東京に持った。その楠本医院には患者が殺到。福澤諭吉は組織を整え、大病院にするようにと再三、イネに助言したが、彼女はそれを聞き流した。

明治八（一八七五）年、明治政府は医術開業試験制度を設けて合格しなければ医師免許を授けないとの方針を打ち出す。その上、女性には受験資格が与えられなかった（明治十七年、開業試験制度が改正され、女性も受けられるようになる）。

イネは楠本医院を畳み、東京を離れて、その後、故郷の長崎に帰る。オランダ人も舌を巻く外科技術を持っていたと言われるが、以後、その執刀の技を見せる機会はなくなり、主に産婆として働いた。最晩年は再上京し娘の高子に引き取られて明治三十六（一九〇三）年、東京にて七十六歳の生涯を終える。

幾重もの差別を受けながら、医学に身を捧げたというのに、日本の「近代」が次第に彼女の居場所を狭めていったように思えてならない。

横井玉子

1855―1903

女性芸術の礎を築いた教育者

日本には世界にもまれな、女性だけの美術大学がある。

女子美術大学、通称「女子美」だ。しかし、これは日本において女性の美術教育が盛んであったことを示すものではない。むしろ、画壇が男性たちに独占され、女性たちに平等な学びの機会が与えられていなかったことの証左なのである。

官立の美術学校として明治政府の肝いりで東京美術学校（現・東京藝術大学）が創立されるのは、明治二十（一八八七）年。しかし、同校に女性の入学は許されなかった。

女性が美術を本格的に学び、画業で身を立てることは許されないのか。官学が女性を締め出すのならば女性が入学できる、女性のための美術学校を創立するより他ない。そう考えて横井玉子は立ち上がった。だが、その道のりは容易ではなく、命との引き換えとなる。

玉子は若くして夫を失っている。夫は幕末の思想家として知られる横井小楠（しょうなん）の甥（後に小楠の養子になる）、横井左平太である。

横井小楠は幕末に活躍した熊本藩士で、その才は藩外にも広く知られた。その小楠の兄にある時明は息子ふたりを残して亡くなり、小楠によって遺児は育てられる。その長男が左平太だった。

小楠は福井藩主の松平春嶽に招かれて江戸に上る際、このふたりの甥を連れて行く。兄弟は江戸の洋書調所でまず英語を学び、その後、神戸の海軍操練所で航海術を習得。さらにオランダ人宣教師のフルベッキが教師を務める長崎の語学学校に入学して、蘭学も学んだ。

その後、兄弟はどうしても西洋の国を見たいと思うようになり、国禁を犯してアメリカへ密航する。

アメリカのラトガーズ大学付属予備校で学んでいた時、時代が変わって明治の世となり、叔父である小楠の働きもあって、兄弟は日本人初の官費留学生として認められることに。その後、晴れて帰国した兄弟は、故郷の熊本で西洋の学問を教える「熊本洋学校」の創立にかかわった。この学校からは後に、徳富蘇峰ほか多くの人材が巣立っている。

一方、玉子は熊本新田藩の家老、原尹胤の娘として安政二（一八五五）年に江戸で生まれた。熊本新田藩は、熊本藩の支藩のひとつ。国元に藩主が住むことはなく、江戸の鉄砲洲（今の築地）に常駐する定府大名だった。故に、その家老である原家も、代々の江戸暮らしである。玉子も、こうした事情から江戸の鉄砲洲に生まれ育った。

ところが王政復古で幕藩体制が終わり、原家も熊本へ移り住んだ。明治元（一八六八）年、玉子は十三歳で初めて父祖の地を踏んだ。少女は何を感じたことだろう。おそらくは江戸との相当な文化の違いに、戸惑ったのではないか。

玉子は青春時代を熊本で過ごし、明治五（一八七二）年に横井兄弟の兄、左平太と結婚する。とはいえ、直後に夫は新妻を置いて、政治と法律を学ぶために再び渡米してしまう。熊本に残された玉子はその間、夫が創立に協力した熊本洋学校に通い、英語、西洋礼式、洋裁などを学びながら過ごした。熊本洋学校は明治七（一八七四）年から女性も受け入れるようになり、日本初の公立の男女共学校となっていたのだ。

明治八（一八七五）年には、夫が帰国。と同時に六月、明治政府に元老院権少書記官として雇われ、熊本ではなく夫婦で東京に暮らすことになった。ところが、この時すでに左平太は重い結核に冒されており、同年十月にはこの世を去った。玉子はまだ二十一歳だった。

その後、玉子は宣教師ワーデルのもとに通い、明治十二（一八七九）年には芝教会で受洗。プロテスタントのキリスト教徒となる。

夫を喪い、どうやって生きていくのか。周囲からは再婚を勧められたが、彼女は結婚を生活の手段とする生き方を拒んだ。小笠原流礼式を学び、箏曲（そうきょく）の免許も取得。茶道、華道も修め、浅井忠には油絵や水彩画を習った。

その後、築地の海岸女学校や新栄女学校で礼式や裁縫を教える教官となり、明治二十二（一八八九）年には女子学院の寄宿舎監督となる。女子学院は、「日本の女子教育は日本女性の手をもって完成されるべき」との信念から設立されたキリスト教主義の女学校で、矢島楫子(かじこ)が初代院長だった。この矢島は横井小楠の後妻の妹にあたり、玉子とは縁戚の関係にあった。

この矢島は、日本キリスト教婦人矯風会(ふじんきょうふうかい)運動にも取り組んでいた。日本の貧しい女性たちが海外に売春婦として売られていく。日本国内でも一夫一婦制は守られていない。この現状を変えたいとの思いから、玉子も矢島とともに、この運動に関わっていく。

玉子はこうした活動の末、あることに力を尽くしたいと思うようになる。女性のための美術学校の創立だ。明治二十（一八八七）年に国立の東京美術学校が創立されたものの女性は入学ができない。彼女は浅井忠に洋画を学んだほどで、美術を愛していたのだろう。美術を趣味ではなく、本格的に修めたいと考える女性たちに、学びの場を与えたい。そう考えて、玉子は奔走する。

明治三十三（一九〇〇）年に藤田文蔵、田中晋、谷口鉄太郎らに協力を仰ぎ、女子美術学校（現・女子美術大学）を東京本郷弓町に創立。

イタリア人のラグーザに師事した彫刻家の藤田文蔵を校長に立てたのは、女性で無名の自分がなるよりも、世間の理解を得られると考えたからだろう。苦労を重ねた末の開校であった。だが、生徒はなかなか集まらず、すぐに資金難となってしまう。

金策にかけまわり心労が重なった玉子は健康を害していったが、それでも学校の存続を諦めようとはしなかった。だが、ついに危機的な状況に陥り、玉子はある女性に助けを求める。

その女性の名は、佐藤志津。医学で知られる順天堂の院長夫人だった。

なぜ、志津だったのか。それを語るには順天堂の歴史を遡る必要がある。

順天堂発祥の地は、千葉県の佐倉である。幕末の動乱期に江戸で老中も務めた佐倉藩主の堀田正睦は蘭学を好んだ。彼は西洋医学に早くから興味を示し、長崎で蘭医学を学んだ佐藤泰然を佐倉藩に招くと病院兼蘭医学塾を、藩内に作らせる。これが順天堂の起源である。

この時、佐倉には医学と並んで、洋画も伝わった。医学と絵画、一見かけ離れたジャンルのように思えるが、蘭学において二つは密接な関係にあった。というよりも、洋画もまた、蘭学のひとつなのだ。蘭医学には精密な解剖図が必要であり、その作製は絵師が行う。ゆえに長崎をはじめ、西洋医学が盛んな土地からは、医者だけでなく洋画家も輩出される。玉子の洋画の師匠であった浅井忠も、この佐倉出身の元佐倉藩士で佐倉に育ち、洋画家になった人であった。

嘉永四（一八五一）年、佐倉で順天堂を預かるこの佐藤家に、志津は生まれた。

自分も医者になって順天堂を継ぎたいと願ったが、女は医者にはなれないとされていた時代である。志津は医者と結婚して婿養子とし、家を継ぐよりなかった。女であるが故に夢を阻まれた。そんな志津だからこそ、同世代の玉子の志と奮闘を知って共感し、なんとか手助けしたいと思ったのだった。

明治になって順天堂は佐倉の地から東京に進出して病院と医学校を営み、順調に発展していた。順天堂には財力があった。

絵の展覧会場でふたりは出会っていた。当時、玉子は三十六歳、志津は三十九歳。佐倉に育った志津も絵画の愛好者だった。

志津は玉子から相談を受けた時、迷いなく引き受けたいと思った。だが、志津の夫はなぜ医学の順天堂が、女性のための美術学校を援助しなければならないのかと、初めは反対した。志津はそんな夫を根気づよく説得。日本初の女性のための美術学校は、こうして順天堂の援助により、廃校の危機を乗り越えるのだった。

そこにあったのは、玉子と志津の女としての思いであり、深い絆であり、共闘の姿勢であった。

玉子はかつて、まだ江戸で暮らしていた十一歳の時、手に大やけどを負い、佐倉まで行き、名医の誉れ高い志津の父の治療を受けたという。ふたりの間には浅からぬ縁があったのだろう。

志津に助けられて、玉子は安堵(あんど)する。しかし、この時、すでに重い胃がんを患っていた。それまで何度、志津が養生を勧めても応じなかった玉子だが、ようやく説得されて、順天堂医院に入院。だが、もはや、なすすべはなかった。

明治三十六（一九〇三）年、玉子は四十七年の生涯を静かに閉じた。玉子の没後、女子美術学校の校長を志津が引き受けている。

本格的に美術を学ぶことで女性が地位の向上と自立を果たせる。玉子の思いが注がれた、この女子美術学校からは、その後、多くの女性画家、表現者が誕生している。片岡球子(たまこ)、堀文子、深沢紅子(こうこ)といった画家だけでなく、ソ連に亡命した女優の岡田嘉子まで顔ぶれは多彩だ。

戦後、国立の東京藝術大学にも女性は入学できるようになった。だが、この女性だけの美術学校がなければ日本美術史は、もっと貧しいものになっていただろう。

若松賤子

1864―1896

児童教育の先駆けとなった会津の孤児

明治維新は倒幕に動いた官軍の志士たちの英雄物語として描かれることが多い。だが、私などは、むしろ彼らに攻め込まれて塗炭の苦しみを味わった側の人々、とりわけ会津の女性たちの生涯に心を惹かれる。

果敢にも武器を取って戦い斃れた女性、自害して果てた人も少なくないが、生き残って明治の世を迎えた会津女性には、新島八重、大山捨松、井深八重、瓜生岩子ら、教育や社会福祉の分野で秀でた働きをし、名を残した人たちが多い。

若松賤子もそのひとりである。教育者、作家、翻訳家、評論家として活動したが、とりわけ才を発揮したのは翻訳だった。『小公子』他、海外の良質な児童文学作品を日本に紹介し、翻訳者としての道を切り拓いていった。

この「若松賤子」という名は、彼女自身が考え出したペンネームで本名ではない。「若松」は言うまでもなく、生まれ故郷の「会津若松」から採っている。「賤子」には「神に仕える賤女」の意が込められている。会津の侍魂を胸に、キリスト教徒として生きた女性だった。

元治元（一八六四）年、賤子は会津に生まれた。父は会津藩士の松川勝次郎正義。親につけられた名は甲子（かし）。松川甲子が彼女のもとの名である。

父は会津藩の隠密で、京都方面に潜伏して情報収集する任務に就いていたという。母と娘も京都にいたが鳥羽伏見の戦いが起こる中、父と別れて福島まで逃げ帰った。ところが、郷里に着くなり会津が戦場となってしまう。官軍が会津に攻め込んできた時、家にいたのは四歳の甲子（賤子）と、母、祖母、妹のみ。女四人は手を取り合って、砲弾が降る中、仲間たちの屍（しかばね）を踏みよけ逃げ回った。

父勝次郎は最後まで幕府に付き、北海道の五稜郭（ごりょうかく）まで北上して官軍と戦ったが、幕軍はついにこの地で力尽きて白旗をあげ、その後、明治の世に。

元会津藩士の大半が新しく与えられた青森の極寒の地、斗南への移住を決めたが、松川家は縁のあった福島の養蚕家に身を寄せて新時代を生き抜こうとした。

ところが、福島で養蚕労働者として働く厳しい生活の中で、まず、賤子の母が命を落とす。幼い女児を抱えて途方にくれたのだろう。父の勝次郎は賤子を養女として手放した。

この時、賤子を引き取ったのは横浜から福島まで、生糸の買い付けにやってきた大川甚兵衛という男。甚兵衛は長州藩を後ろ盾に政商として成り上がった「山城屋（やましろや）」の番頭（手代という説もある）であった。

それにしても、なぜ甚兵衛は賤子を養女にしたのか。

たまたま生糸の買い付けで福島まで足を運び、偶然、松川一家に出会い、その窮状を見かねて、という説もある。また、一方には山城屋の主人、山城屋和助（野村三千三）は元奇兵隊で戊辰戦争では隠密をしており、その時、勝次郎と敵味方とはいえ互いを認め合う仲となり、戊辰戦争後、その生活を心配した山城屋が甚兵衛を派遣して助けた、という伝説めいた話も残されている。

ともかくも明治四（一八七一）年、甚兵衛によって連れ出されて、七歳の賤子の境遇は一変する。福島から日本一の国際貿易港として栄える横浜へ。新生活が始まった。

親きょうだいから離され、見知らぬ土地に送られた上、賤子はさらに宣教師のメアリー・エディ・キダーが主宰する英語塾（後のフェリス女学院）に入れられる。どれほど戸惑ったことだろう。賤子は当初、なかなか生活に順応することができなかったという。

すると、ようやく生活に馴染んだ翌年、ある事件が起こる。養父の勤める山城屋が突然、疑獄事件に巻き込まれて倒産したのだ。山城屋の主人、和助は切腹して命を絶ち、大川家は東京の下町に転居。賤子は英語塾を退学する。

家計が厳しくなれば、貰われ子の立場はどうしても悪くなる。養母から賤子は辛くあたられるようになった。

東京の下町に移り住んで二年が過ぎた明治七（一八七四）年、そんな少女に救いの手が差し伸べられる。かつて通った英語塾の校長、ミス・キダー（この時は結婚後でミセス・ミラー）が事情を知り、十歳の賤子を引き取ると決めたのだ。翌年、彼女は寄宿生となり、

「フェリスの子」として外国人宣教師たちに囲まれて育つ。賤子は英語を学びながら、キリスト教を深く信仰するようになり、十三歳で受洗。正式に信者となった。

十八歳でフェリスを卒業してからは、そのまま母校で教師として教壇に立った。生活の苦しみを知るだけに賤子は、「立派な家庭婦人になるばかりが女の生きる道ではなく、学問と知性を身につけ、女性たちも才能を生かして社会に出ていくべき」だと生徒たちに強く訴えたという。

明治十七（一八八四）年、在留外国人や日本人の有力者、父兄、生徒を前に行った演説会では、見事な英語でこう述べたという。

「女は余りにも長い間、不当な扱いを受け権利を否定されてきました。尊敬すべき立派な伴侶として男と並び立つ真の地位を、奪われてきたのではないでしょうか？」（『とくと我を見たまえ』）

賤子は次第に母校の教壇に立つだけでなく、自分の思いを文章に綴り、発表するようにもなる。

寄稿先として選んだのは、『女学雑誌』だった。この雑誌は、女性の地位向上を目指して発刊された日本初の女性総合誌で、編集人は巖本善治という男性だった。

巖本は文久三（一八六三）年、但馬（たじま）国出石（いずし）（現・兵庫県豊岡市出石町）の儒家に生まれ、母方の叔父である福本藩の家老格であった巖本家の養子に。

中村正直（まさなお）の同人社、津田仙（せん）（津田梅子の父）の学農社農学校で学び、下谷教会で受洗し、

『基督教新聞』に寄稿しつつ、「女学」（女性の地位向上と権利獲得を目指すための学問）の普及に熱心なクリスチャンの活動家として、雑誌というメディアを通じて活動するだけでなく、明治女学校の校長でもあった。同校には詩人の北村透谷や小説家の島崎藤村も教員として参加。この時代の進歩的な文学少女が憧れた学校であった。

適齢期を迎え、賤子は海軍中尉でクリスチャンでもあった世良田亮（せらたたすく）と婚約するものの、後にこれを自分から解消し、巌本と結婚する。クリスチャンとして使命を果せる結婚を強く求めたからだった。女性解放という志を持つ巌本とならば自分の能力を生かして彼の仕事を助けつつ、理想的な男女同権の家庭（ホーム）を築ける、と。当時の巌本は雑誌と学校の経営で非常に苦しんでおり経済的には破綻寸前であった。だからこそ、賤子は彼の妻となる道を選んだのだった。

巌本にとっても才能のある賤子は、手放せない相手だった。賤子は巌本の発行する『女学雑誌』の執筆者であり、巌本が経営する明治女学校の教員でもあったのだから。二人は中島信行、岸田俊子夫妻を証人に結婚。

しかし、賤子は、すでに重い結核を患っていた。自分の命がそう長くはないことも悟っていたのだろう。それでも無理を重ねて巌本の仕事を助け、それればかりでなく次々と三人の子を産み育て、四人目も妊娠していた。

とはいえ、巌本との結婚が賤子の思い描いた理想どおりのものであったとは、必ずしもいえなかった。巌本には女性解放を訴えながら、遊廓にも出入りする言行不一致な面があり、賤子を落胆させることもあったとされる。

賤子は結婚後、児童文学の翻訳に積極的に取り組んでいく。母親となり児童文学に自然と引き寄せられた面もあるだろうが、自身が寂しく孤独な子ども時代を送った体験から、本の中に救いを求め、生きる糧として欲しいという願いを込めて、翻訳にあたっていたのだろう。

結核が進行しても病床で筆を執り続けていたが、冬のある日、火災が起こり明治女学校と巌本家は全焼。賤子は無傷で助け出されたものの、五日後の明治二十九（一八九六）年二月十日に命が尽きた。

「葬式は公にはせず墓石には、ただ『賤子』とだけ彫って欲しい」

三十一年の生涯だった。

相馬黒光

1876―1955

革命と芸術に惑溺した女主人

平成二十三（二〇一一）年まで東京都新宿駅東口の中村屋本店三階には「レガル」という名のレストランがあった。看板メニューはカレー。店内には荻原碌山の彫刻がさりげなく飾られ、戦前の「中村屋サロン」を偲ばせる雰囲気があった。

クリームパンとカレーで有名な、この中村屋を創業したのは相馬愛蔵、黒光夫妻である。とりわけ妻、黒光の力が大きかった。

中村屋には学者、画家、彫刻家、小説家、詩人、女優らが集まり、単なるパン屋、レストランではなく、「中村屋サロン」と言われる東京の、文化拠点のひとつであった。そのサロンを采配する女主人が、黒光だったのである。

それにしても女の名で黒光とは変わっている。もちろん本名ではない。親につけられた名は良という平凡なものであった。では、なぜ黒光となったのか。

明治九（一八七六）年に彼女は宮城県で生まれた。生家は元仙台藩士で代々の儒家として知られた星家。戊辰戦争で幕府側についた仙台藩の元士族の家庭は明治維新後、一様に没落してしまうが、星家もその例にもれなかった。明治政府には冷遇され、男たちが世に出る道は細い。だからこそ、彼らは娘の将来に夢を託し、新時代の新しい教育を受けさせて、人生を切り拓いて欲しいと期待をかけた。

アメリカへの国費留学生となった津田梅子や山川捨松、フェリス和英女学校にいち早く入学した若松賤子や佐々城豊寿らは皆、幕臣、ないしは幕府側についた東北の没落士族の娘たちである。良もまた、そうした娘のひとりであった。燃えるような向学心と才気があり、地元の仙台では「アンビシャス・ガール」とクリスチャンの教師、島貫兵太夫から評されていたという。

宮城で受けられる教育では満足しきれず、貧しい生活ではあったが無理をして、横浜のフェリス和英女学校に進学。さらに、フェリス出身の若松賤子を妻に持つ巌本善治が創立した明治女学校に転校する。

巌本が校長を務め、島崎藤村や北村透谷が教壇に立つ明治女学校で刺激を受けた良は、在学中に小説を書いて発表する。しかし、思うような評価は得られず、何よりも彼女自身が自分の才能に疑いを持ち、自信を失った。加えて都会の人間関係、とりわけ何かにつけてまとわりつこうとする文学青年たちとの関係を煩わしく思うようになる。

精神的に疲れた彼女は明治女学校を卒業すると、キリスト教の師である島貫から持ち込まれた縁談話を承諾する。相手は信州の安曇野で養蚕業を営む旧家の出で東京専門学校（現・早稲田大学）を卒業した、キリスト教徒の相馬愛蔵だった。

相馬は地元安曇野では、東京帰りの進歩的な青年として知られていた。そこへさらに、明治女学校を出た良が新妻としてやってきたのだ。

安曇野の文学青年たちは田舎では見たこともない、あか抜けた、知性の煌（きら）めく、良を目の当たりにして衝撃を受ける。そうした青年の中に、後に彫刻家となる荻原守衛（もりえ）（後の荻原碌山）もいた。

彼は相馬夫妻と交流して強い影響を受け、芸術の道に進みたいと思うようになる。東京へ向かい、さらに渡仏。パリでは彫刻家ロダンの弟子になった。良との出会いが、安曇野の純朴な一青年を彫刻家、荻原碌山へと変えるのである。

良は安曇野で出産して女児を得る。名は尊敬する岸田俊子を思い、「俊子」とした。

「娘よ、成長して立派な婦人になってくれ。志操高く、才能に秀で、そして愛情ゆたかに。……娘よ、成長して小さな炉辺の幸をぬすむな。大きな世界に眼を開いて正義の愛に燃え、意義ある仕事に一生を捧げよ……」

（『穂高高原』）

その後、良は文章を書くようになる。

明治女学校の校長で、若松賤子の夫でもあった巌本善治は安曇野から送られてきた原稿を読み、良に「黒光」のペンネームをつけて発表した（巌本ではなく、明治女学校教師の青柳有美との説も）。

巌本は良の中に危うさも見ていたようだ。己の光輝く才気を「少し黒で隠しなさい」という意味を込めて黒光と名づけた、といわれる。

巌本の予想はその後、的中していく。黒光はやはり田舎の素封家の暮らしには、おさまりきれなかった。結婚から四年が経った明治三十四（一九〇一）年、夫とともに安曇野の旧家を飛び出すと、彼女は東京に舞い戻る。

夫妻は東大の近くにあった本郷のパン屋「中村屋」を職人付きで買い取ると、いきなりパン屋を始めた。紆余曲折はあったものの店は軌道に乗り、新宿に店を移して事業を拡大。パンを売るだけでなく、喫茶店を併設した。店を取り仕切ったのは黒光だった。彼女は「雇ってくれ」と飛び込んでくる外国人を積極的に受け入れた。

亡命ロシア人を雇いロシアパンを作らせ、中国人の職人が作った月餅も売った。名物の「クリームパン」に代表されるように、和洋が交じり合った独特のメニューは、黒光の生き方や価値観を土壌として生み出されたものだった。

この無国籍的な雰囲気の下、黒光を慕って芸術家たちが自然と集まり、次第に「中村屋サロン」が形成されていくのである。店は相馬家の住居も兼ねていたため、中には居ついてしまう人もいた。

ロダンの弟子として修業を積み、彫刻家となった荻原碌山もフランスから帰国すると、新宿の中村屋に身を寄せた。彼にとって黒光は安曇野時代に憧れ尊敬した人の妻であり、姉のような存在だった。だが、愛蔵が浮気をしていることを知り、かねてから黒光に惹かれていた碌山は「別れて自分と一緒になって欲しい」と告白する。だが、黒光は離婚に踏み切らず、若い碌山は翻弄されて苦しむことになる。その時、作った作品が代表作の

「女」。跪いた女が手を後ろ手に縛られているのだろうか、立ち上がろうとするかのように上体は伸び、神を求めるように顔は天を見つめている。モデルは黒光だと言われる。彼はこの作品を完成させると、喀血して死んだ。まだ、三十歳の若さであった。碌山の友人たちは黒光を深くうらんだ。黒光には異性を惹きつけてしまう強い光があった。

国を追われた亡命者たちも中村屋に身を寄せた。盲目の亡命詩人であったロシア人のワシリー・エロチェンコ、インド独立運動の指導者として知られるラス・ビハリ・ボースらが。

インド人のボースは、イギリスの植民地支配に反発した革命家である。祖国インドで爆破事件を起こし、イギリス政府から追われ、日本に逃げてきた。

当初、アジア主義者で玄洋社を主宰する頭山満の邸宅に身を寄せていたボースだが、日本政府はイギリスとの関係悪化を恐れ、彼をイギリスに引き渡すと決定。頭山邸にいつ踏み込んでくるかわからないという状態だった。黒光はこれを聞いて、「日本を頼ってきた人を見殺しにするとは」と憤慨したという。その後、頭山から頼まれ、ボースを頭山邸から気づかれぬように脱出させると、中村屋邸内に匿い、その後も彼の逃亡を助け続ける。

ボースは、「日本のカレーは本場インドのカレーとは、まったく別物だ。中村屋で出すカレーは本格的なインドカレーにして欲しい」と黒光に言い、それが今の中村屋カレーの誕生につながったとされる。

その後さらに、頭山から「ボースが逃亡生活を続けるには、それを助ける女性が必要だ。

あなたの長女、俊子とボースを結婚させてくれ」と頼まれるとこれも承諾する。
計画に夢中になる母から打診されて、俊子は「どうぞ私を行かせて下さい」と言うより
なかった。だが、ボースとともに隠れ家から隠れ家へと逃げ続ける過酷な生活の中で俊子
は身体を壊し、結婚から七年目に亡くなってしまう。
黒光は九人の子どもを出産したが、成人したのは五人。しかし、長女の俊子と四男は二
十代で逝去。五男の虎雄は母に反発して、絶縁状態となった。革命家や亡命者たちからは、
「日本の母」と慕われた黒光だが実の子どもたちには、自分本位な強すぎる母であったの
かもしれない。黒光が放つ強烈な光が、身近にいる人々の運命を狂わせる。彼女の「アン
ビション」が周囲を、とりわけ身近な家族や恋人を不幸にしていく。
昭和二十九（一九五四）年に夫が亡くなると、翌年、黒光も七十八年の生涯を閉じた。
時代に先駆け自己を貫き激しく生きた。彼女自身が革命の闘士として生きたかったのだ
ろうか。

長谷川時雨

1879―1941

忘れられた女性作家

長谷川時雨（しぐれ）の代表作『近代美人伝』は名流婦人から芸妓まで、実在の女性を短文で歯切れよく紹介した名作である。

明治から昭和まで劇作家、批評家として活躍した長谷川は、女性のための雑誌『女人藝術』を創刊したことでも知られ、「女流文壇の大御所」と戦前は位置づけられて、非常に著名であった。ところが、ある理由から、その名は戦後語られなくなり、今では忘れ去られた感がある。

令和四（二〇二二）年夏、芥川賞の候補者五人全員が女性だと、メディアが空騒ぎをしていたが、この時、自然と思い出されたのは、かつて作家、平林たい子が後輩にあたる瀬戸内寂聴に語ったという次の言葉だった。

「今の若い女の作家はいい、物を書くことでほめられ、はじめからちやほやされる。我々の時代は、女が物を書く時は、夫にさえ遠慮して、ちゃぶ台か、おひつの上で書いた」

平林のこの発言を受けて若年の瀬戸内は、私達は彼女たちが命がけで開拓してくれた道を楽々走らせてもらっているのだと胸が熱くなったと書き残している。

長谷川は、その平林よりも、さらにひと時代前の世代に属する。永井荷風と同世代、樋口一葉よりも七歳遅く、明治十二（一八七九）年に東京の日本橋で生まれた。女が文学を好むことは認められなかった時代に育った人である。

長谷川の子ども時代、江戸っ子の本場である日本橋では、まだ髷を結った人々が往来を行き来していたという。

生家は将軍家や諸大名に反物を納める呉服商。だが、父深造は家業を継がずに官許代言人（弁護士）となっていたため没落を免れ、暮らし向きは悪くなかった。

家を支配していたのは父母ではなく、伊勢の出で領主藤堂家に御殿女中として勤めたこともある祖母の小りんで後に「美人作家」として名を馳せる長谷川の容姿は、この祖母に瓜二つであったと言われている。

父は美貌の妻に早死にされたことから、頑健であるという理由で後妻に多喜を迎えた。夫婦は七人の子どもを授かるが、その長女が後に「長谷川時雨」となるヤスである。

祖母の小りんは嫁には厳しい姑であった反面、この美しい孫娘を溺愛した。

そのため長谷川は母と祖母との確執に巻き込まれてしまう。幼少期から読書家で草双紙を何よりも愛したが、母はそれを許さない。本を読んだと言っては長谷川を激しく折檻した。

「女の学問は結婚の妨げになる」というのが母の言い分であったが、多喜の中には姑や夫への不満が積もっており、その矛先が祖母に愛される長女に向けられていたのだろう。あまりに母が厳しかったため、「自分は本当の娘ではないのではないか」と疑った、と長谷川は書き残している。

長谷川の前半生は、この母により翻弄される。小学校を終えると、まず母の言いつけで大崎の元岡山藩主池田章政侯爵邸に女中として三年の奉公に出される。身体を壊して実家に戻ると、今度は鉄成金一家の放蕩息子との結婚を勝手に決められてしまう。周囲は両親に翻意を促し、長谷川も「いやだ」と言い続けたが、祖母も亡くなり、かばってくれる人はいなかった。この頃、長谷川家に何か金の入用でもあったのだろうか。

明治三十（一八九七）年、数え十九で「死にたい」と思いながら長谷川は嫁ぐ。夫にも、婚家の享楽的な家風にもなじめず、早くから長谷川は離婚の意志を伝えるが、婚家にも生家にも聞き入れてはもらえなかった。その上、道楽がすぎて両親から勘当された夫に従い、岩手県の釜石鉱山近くで暮らすことに。日本橋育ちの身に山暮らしは辛かったことだろう。だが、遊び好きの夫は何かにつけて東京に出掛けていく。その隙に本を読む自由を得られたことが幸いする。

『女學世界』が懸賞小説を募集していると知った長谷川は、「うづみ火」を投稿し受賞。書くことに目覚め、雑誌や新聞からも原稿の依頼がくるようになった。

東京へ移転し、ようやく離婚が許され実家に戻った長谷川は、気兼ねすることなく筆を執るようになり、作家「長谷川時雨」となり躍進していく。

明治四十一（一九〇八）年二月には長谷川の書いた戯曲『花王丸』が歌舞伎座で上演されるという栄誉も得た。

女性の脚本が上演されるのは歌舞伎座始まって以来のこと。大いに宣伝され、作者である長谷川のブロマイドまで販売された。一躍、著名人となるが、この成功を誰よりも喜んだのは、母の多喜だった。

その頃、父は東京市の大疑獄事件に関与したとされ、弁護士の職を辞して失意の人となっていた。そんな父に代わって事業に乗り出したのが、母の多喜で、彼女は箱根の料理旅館を買い取り大成功を収めると、その才覚を見込まれて鹿鳴館と並ぶ接待施設として著名であった芝の「紅葉館」の雇われ女将となり、ここでも手腕を発揮していた。

作家として成功した長谷川はそんな母に乞われて、神奈川県の鶴見に数千坪の土地付き旅館を買い与えたが、その結果、長谷川も経営に巻き込まれてしまう。執筆時間が削がれることを長谷川も嘆きはしたが、それよりも母や家族を喜ばせたいという気持ちが勝ったのだろう。

かなりの収入もあり、「女流文壇の大御所」となった長谷川に思いを寄せる男性は、文壇、劇壇に数多くいた。そんな中で熱烈に言い寄り口説き落としたのは十二歳年下で、まだ名の売れていなかった、小説家の三上於菟吉だった。世話焼きの長谷川は三上と内縁関係になると、今度はこの若い「夫」を世に出すために人脈を駆使して、奮闘するようになる。

長谷川の尽力もあって、三上は大衆小説家として頭角を現し、巨額の原稿料や印税を得る売れっ子作家に。と同時に、花柳界に入り浸り、さらには妾宅も構えた。だが、三上は決して長谷川と別れようとはせず、長谷川もまた黙認した。年上の妻としてのプライドもあったろうか。

そんなある日、外で遊ぶ後ろめたさもあり、三上は長谷川に何気なく言った。

「ダイヤでも買ってやろうか」

長谷川はすぐに、こう返した。

「ダイヤはいらないから、女だけの雑誌を作る資金がほしい」

昭和三（一九二八）年、こうして『女人藝術』は三上の金で長谷川によって創刊される。

「女性文筆の公器となり、いい女人騎手のための駿馬たらんことを思います」

文壇は男性中心である。女性だけが執筆できる、女性だけの雑誌が欲しい。女性の作家に表現の場を与えたい。そう考えての決断だった。ここでも損をしてでも人に尽くす、江戸っ子らしい世話焼きな性質が表れている。自分の栄達だけを求めない。それが長谷川という人であったのだが、やはり彼女の創作時間はここでも削られてしまう。

昭和前期の世相を受けて文壇は左傾化を強めており、『女人藝術』も発禁処分を何度となく受ける。それもあって赤字が膨らみ四年で廃刊。この赤字を文句ひとつ言わずに補塡し続けたのは三上だった。

その後、再び三上の援助を得て、長谷川は女性のための活動団体「輝ク会」を立ち上げ、機関紙『輝ク』を創刊。そこには、さらに多くの女性たちが賛同し名を連ね、集った。
日中戦争が始まると、長谷川は戦地に赴く名もなき兵士に感情移入するようになってい
く。とりわけ戦地慰問をしてからは、その傾向に拍車がかかった。
「輝ク部隊」を結成し、慰問袋づくり、中国人女子留学生への支援、戦死者の遺族や戦傷
者の見舞いといった活動にのめり込むようになる。ここでも、困っている人を見ると助け
ずにはいられない、という彼女の性質が発揮されたのだろう。
『輝ク皇軍慰問号』には、与謝野晶子、岡本かの子、平塚らいてうらが執筆。皆、皇軍を
鼓舞する短歌や手記を書いている。こうしたことから、『輝ク』の創刊者である長谷川は
戦後「戦争協力者」と位置付けられるようになり、「戦争責任に触れるおそれから、恩義
を受けた作家も表立って評価することをさけるようになった」(岩橋邦枝)のだった。戦
争中に亡くなっていた長谷川の名は戦後になって、故意に語られなくなるのである。
昭和十一(一九三六)年夏に不摂生と激務により三上が倒れて寝たきりとなり、長谷川
は経済的な支えを失う。雑誌経営のために軍部に接近せざるを得なかった一因は、ここに
もあったろうか。だが、それ以上に彼女には、戦地で泥にまみれて戦う兵士を助けたい、
早く戦争が終わり平穏な世の中になって欲しい、との思いが強かったのだろう。また、何
よりも女性の地位向上を彼女は常に願っていた。だからこそ、女性作家の存在を認めさせ
たいとの思いから戦地慰問もしたのだろう。
長谷川は過酷な戦地慰問を終えて体調を崩して寝つき、太平洋戦争が始まる前の昭和十

六（一九四一）年八月に六十一歳の生涯を閉じる。死の間際に、まだ書きたいことがあると、枕元にいた甥の長谷川仁に訴えた。

「一葉のことだよ。私が書かないで、誰が書くんだい」

少女時代から憧れ続けた女性作家の先輩、樋口一葉の本格的な評伝を書きたかったのだろう。時代の制約を受け、他者のために尽くし、十分に作品を残せなかった。江戸の女の矜持を貫いた一生ではあるが、作家としては無念であったことだろう。

高岡智照

1896―1994

自我を貫き尼となった美妓

今ではすっかり観光名所となっているものの京都嵯峨野には、あの世とこの世の境にあるかのような寂しさが漂う。

紅葉の尼寺として知られる祇王寺。現在は観光に訪れる人が引きも切らないが、大正の頃は住む人もなく荒廃し、打ち捨てられていたという。

その廃寺となる寸前の祇王寺に移り住み、見事に寺を復興した尼がいる。元は芸妓で新橋時代には「照葉」の名で座敷に出て一世を風靡した。その後、得度して智照尼となり、昭和十一（一九三六）年に祇王寺を継ぐのである。

明治二十九（一八九六）年、智照尼は高岡たつ子として、大阪に私生児として生まれた。鍛冶職人の父は大酒飲みで生活は貧しく、生まれるとすぐに奈良で料理屋を営む伯母の元へ、口減らしのために送られる。少女は奈良公園内に伯母が出した茶屋を九つ十の時から手伝った。

十二歳になると、今度は父に大阪南地の花柳界に売られた。切れ長の目をした美貌の少女は芸者の見習いである「半玉」として、千代葉の名で売り出されると、たちまち注目の的となる。置屋の女将はこの妓ならば良い旦那がつくと目を細め、嫉妬深い姉芸者には苛め抜かれた。

そんなある日、訳もわからぬ中、姉芸者に謀られて、高岡は大阪商工会議所の会頭に水揚げをされてしまう。水揚げとは半玉の処女を売ることをいう。大物に水揚げされれば、それが箔となり、一流芸者の道が約束されるとされていた。当然、水揚げをした男は大金を芸者置屋に納めることになる。

花柳界にいる限り、年老いた男たちに自分の身体を売り買いされる。その現実を、少女は受け入れることができなかった。だが、自分の身はもはや借金で縛られていて、自分のものではない。誰かが借金を清算してくれない限り、ここから逃げ出すことはできない籠の鳥であった。

こうした運命から逃れたいという気持ちが募っていく中で、高岡は座敷で客として出会った小間物屋の若旦那に恋をする。初恋だった。

ところが、つまらぬことで若旦那がへそを曲げてしまう。ある歌舞伎役者に高岡が入れあげているという噂を耳にしたからだった。誤解だと弁明するが若旦那は信じてはくれない。どうしたら信じてもらえるのか。花柳界に育った少女は必死になって考え、ある行為に行き当たる。

芝居では遊女が自分の真心を好いた相手に伝える時、指を落とす。それに倣えばいいのではないか、と。少女はカミソリを握りしめ、自分の小指の先に当てると、思い切り体重をかけた。切り離された小さく可憐な指先を布に包むと息を弾ませ若旦那の元へ。これで疑いは晴れるはずだと信じていたのだ。

ところが、包みを渡された若旦那は腰を抜かした。なんと恐ろしい女か。その後、彼は二度と少女に会おうとはしなかった。

芸者置屋の女将もまた激しく怒った。指を落とした芸者など、文字通りの傷モノで売り物にならない。噂は瞬く間に大阪花柳界に広がり、誰もが不気味がって座敷に呼ぼうとしなくなった。座敷がかからなければ借金は返せず、負債だけが積もっていく。大阪花柳界に居場所はなかった。

そこで、思い切って東京の新橋花柳界へ鞍替えをした。小指を失った彼女を引き受けたのは、後藤猛太郎（後藤象二郎の次男）の愛妾、新橋芸者の清香だった。

清香は芸者置屋の新叶屋を経営しており、少女はこの置屋から千代葉あらため照葉の名で売り出された。大阪では小指を落としたことで忌み嫌われたが、東京ではむしろ、その俠気が評判を呼び、披露目と同時に売れっ妓となる。

当時、東京一の人気芸者は、赤坂の萬龍だった。「酒は正宗、芸者は萬龍」と謳われ流行歌にもなるほどで、世間にもその名を知られた。絵葉書の売り上げも一位。しかし、二歳年下の照葉が新橋で披露目を果たすと、瞬く間に萬龍の地位を脅かすようになる。絵葉書は売れに売れ、刷るのが間に合わないほどだった。

元大蔵官僚で後に衆議院議員となる長島隆二は、花柳界でも知られた粋人であったが、自著『政界秘話』の中で、こう語っている。

「萬龍は作為の美であるが、照葉の方は生地の美人だ」

萬龍も照葉もともにおっとりとしていて、気品があるところは一緒だった。萬龍には都会の花柳界の水で洗われた大輪の牡丹のような華やぎがあり、一方、照葉は女学生のような清純さで、野に咲く白百合のようだと彼は評している。

男たちは争うように照葉を座敷に呼んだ。彼女をとりわけ贔屓にしたのは、西園寺公望、細川護立、後藤新平、原敬、北里柴三郎ら。

照葉は踊りや唄といった芸事は苦手で、好きでもなかったという。彼女が好んだのは、読書。時間があれば、本を読み、物を書いていた。それゆえ文学芸者と、やや嫌味を込めて言われることもあった。

東京に歓迎されて売れっ子芸者に。とはいえ、所詮は男たちの相手をさせられる身である。いくら世間で持て囃されても、自分は生きた人形として玩ばれるだけだと虚しく思うようになった。芸者をやめたい。だが、かといって落籍されて好きでもない老人の妾になって暮らすという生き方は、もっと嫌だった。

そうした中で照葉は相場師として知られ、映画製作も手掛ける小田末造という実業家に出会い、ともにアメリカに渡るという夢にすがった。芸者をやめると、小田の妻に。

しかし、夫婦関係は渡米後に早くも破綻する。聞かされていた話と現実は大きく異なり、小田の収入は安定せず、結婚してみれば横柄な夫でもあった。

高岡は次第にアメリカで自由な恋愛を重ねるようになる。花柳界という場から解き放たれた解放感もあったのだろう。ハリウッドで日本人俳優として成功していた早川雪洲とも恋仲になり、一説には子どもをもうけた、と言われる。また、アメリカ人女性との同性愛も経験している。

アメリカから帰国すると、高岡は女優として映画に出演。バーのマダムにもなった。夫と離婚して自立したいと考えてのことだった。

だが、どの仕事も結局は男たちとの駆け引きが付き物となる。自分は男に媚びを売る仕事にしかつけないのかと、深く悩んだ。

ようやく小田と離婚するものの、その後もヒモのような男と付き合うことになり、稼いだ金はすべて巻き上げられてしまうことに。

自分の人生は、どうしてこうなってしまったのか。生きることに絶望した高岡は、華やかな都会を離れて自分を見つめ直そうと決心し、故郷の奈良に戻ると仏門を叩いた。救いは、ここにしかないと悟る。

昭和九(一九三四)年、三十八歳で黒髪をそり落とし、智照尼となる。

「最後の黒髪に剃刀が入れられた瞬間、私の心から俗世の煩悩がすべて断ち切られたような思いがしました」

(『花喰鳥』)

住む人も絶えて廃寺同然となっていた京都の嵯峨野にあった祇王寺を任され、そこに移り住むのは、それから二年後。

祇王寺は平清盛の愛妾であった白拍子の祇王が興したといわれる寺（庵）である。清盛の寵愛を一身に受けていた祇王だが、若く美しい白拍子の仏御前が現れ、清盛の心は奪われた。清盛に棄てられ屋敷からも追い出された祇王と妹の祇女、母の刀自は、この地に流れて念仏を唱えて暮らす。

するとそんなある日、訪れる人もいない庵の戸を叩く人があった。開けてみれば、そこにいたのは、あの美しい仏御前であった。

「自分もいずれは同じ身になると悟った」

と泣き伏す仏御前を迎え入れ、それからは女四人で念仏三昧に暮らした——。これが『平家物語』が伝えるところの、祇王の物語である。

白拍子は芸者の祖である。このような来歴から考えるならば、照葉として嬌名をうたわれた彼女ほど、この寺にふさわしい庵主はいなかったろう。とはいえ、祇王寺は廃屋同然で、建て直しには相当な費用が必要であった。

高岡は短冊に自作の句を書いて売り出し、自分の半生を綴った自伝を出版し、その印税もすべて寺の修繕費に回した。

大原孫三郎ら芸者照葉を贔屓にした財界人、小説家の里見弴ら文化人も祇王寺を再興しようとする高岡の援助に動いた。それだけでなく、自伝を読んで感銘を受けた女性たちが、全国からやってくるようになる。

高岡をモデルとして、瀬戸内晴美（寂聴）は小説『女徳』を書いた。高岡の人生に瀬戸内は憧れたのだろう。その後、彼女は高岡をなぞるように出家し、尼になると嵯峨野に自ら「寂庵」を建てる。

メディアに取り上げられることを避けながら隠遁し、祇王寺の庵主として高岡は、一九九四（平成六）年に九十八歳で生涯を閉じた。小指を落とし、黒髪を落として、自らの人生を必死に摑み取った女の一生が、ここにある。

第6章

世界に飛躍した女たち

大山捨松

1860―1919

津田梅子の黒子となった帰国子女

平成三十（二〇一八）年一月、当時の首相が施政方針演説で会津藩士、山川健次郎の名を引いた。

「百五十年前、明治という時代が始まったその瞬間を、山川健次郎は政府軍と戦う白虎隊の一員として迎えました。しかし、明治政府は国の未来のために、彼の能力を活かし、活躍のチャンスを開きました」

その後、東京帝国大学総長となった山川は、学生寮を作るなど貧しい家庭の若者たちに学問の道を開き、女性の博士号取得も後押しした。この例に倣って全ての日本人の活躍を推進したい――と。

これを聞いた時、山川健次郎の実妹が誰であるのか、首相は知らないのだろうかと思った。彼女がどれだけ男社会に泣き、活躍の機会を奪われて涙を呑み、日本社会を恨んだかを。山川健次郎の実妹は、大山捨松（すてまつ）である。もとの名は山川咲。山川家は会津藩家老職の家柄である。戊辰戦争が起こり官軍が会津に押し寄せてきた時、山川家の女と子どもは鶴（つる）

ケ城に籠城して、これを迎え討った。この時、咲は八歳だった。

鶴ヶ城を包囲し、官軍は容赦なく大砲を撃ち込んでくる。城内の女と子どもは、撃ち込まれた大砲の弾が爆発する前に濡れ布団を覆いかぶせて消火しようとした。だが、火が消せなければ爆死してしまう。実際に咲の義姉は弾に覆いかぶさって亡くなり、側にいた咲もケガを負った。あまりにも悲惨な戦争だった。自害して果てた人々も多い。

戊辰戦争の後、会津藩は明治政府より、青森の極寒地への移封（国替え）を命じられた。飢えと寒さによって、さらに多くの元藩士と家族がこの地でも命を落とす。

山川家も困窮を極めた。このままでは一家全員が生き抜くことは無理であろう、そう考えた母は、幼い咲をフランス人宣教師に一時、里子として預けている。

さらに明治四（一八七一）年、政府が近代国家の女子教育を担う人材を養成するためアメリカに女子留学生を派遣すると発表すると、これに咲を応募させようと思い立つ。

母は、「捨てたつもりで帰りを待つ」と万感の思いを込めて、少女の名をこの時、咲から「捨松」に変えたという。

美子皇后から直々に励ましの言葉をもらい、アメリカ行きの船に乗った少女は五人。最年少は津田梅子六歳。永井繁子は次に若く十歳。その上が捨松、十一歳だった。アメリカに到着して間もなく、年長の吉益亮子と上田悌子は耐えられず帰国。残された三人は二人の分まで必死に学び責務を果たそうとした。

当初は三人同じ家で暮らしていたが、その後別々の家に預けられる。

捨松が引き取られた先は牧師のベーコン家で、末娘アリスとは実の姉妹のようにして育ち、学んだ。英語だけでなく、ドイツ語とフランス語もマスターし、ずば抜けた成績で名門女子大学のヴァッサー大学に進学。生物学が得意で、卒業時には総代に選ばれている。アメリカで最高の教育を受け学位も手にした捨松は、津田梅子とともに明治十五（一八八二）年、日本行きの船に乗った。十一年ぶりの祖国。戻ったらお国のために尽くそう、アメリカで学んだことを日本でどう生かそうかと、船中でも梅子と夢中になって語り合った。

ところが、日本に降り立った瞬間から捨松と梅子は母国の現実を知って落胆する。女性が人間として扱われていない。男性たちは高位高官でも無作法で、公式の場でも酔っ払い、芸者を侍（はべ）らせて恥じないでいる。厳格なキリスト教プロテスタントの信者に囲まれて育った彼女たちには信じられない光景だった。

その上、当然、用意されているものと考えていた役職や仕事は、いつまで経っても与えられない。自分たちは、いったい何のために国費留学したのか。捨松は苛立つ。「教壇に立たせて欲しい」と何度も文部省にかけ合ったが、埒が明かなかった。捨松らの留学中に国の方針が大きく変わり、彼女たちを迎えて女学校を新設するという話は立ち消えになっていたのだ。

同じ時期にアメリカ留学を果たした青年たちは、兄の健次郎も含めてエリートとして官庁や教育界に迎えられているのに、どうしてこんなにも待遇が違うのか。文部省は「女性が大学で教職についた例はない」と言って捨松らを顧みようともしない。送り出された時、「お国のためになる人材に」と言われたあの言葉は何だったのか。

一時は、難航する諸外国との条約改正の場に、捨松を通訳として登用する話が出たものの、これも女にそのような大事は任せられないという理由で却下されたという。

捨松をさらに打ちのめしたのは、大学を出た二十三歳の彼女を「行き遅れの女」と周囲がひどく見下し、批判したことだった。日本では十代の半ばで結婚し、女は無知で若くあることに価値があるとされている。この現状に、捨松は啞然とし、憤った。

米国で付き合いのあった女性たちの多くは高等教育を受け、自分の意志で人生を切り拓いていた。信仰に基づき、教育や医療といった崇高な仕事に生涯を捧げて未婚でいる例も多く、そんな彼女たちは社会で尊敬されている。どうしてこんなにも祖国は遅れているのか。捨松はアメリカのアリスに向けて、母国への怒りと失望を英語で綴り送った。

「親愛なるアリス　ここでは総てがアメリカと違うのです。何かをするということは不可能に近いのです」

留学経験のある男性でさえ自我を持たない十代の少女を結婚相手に選ぶ。捨松はこう嘆いている。

「親愛なるアリス　日本の男性が立派になれないのは、そこに原因があると思います」

ところが、そんな捨松に突然、縁談が持ち込まれる。相手は欧州に留学した経験もある大山巌陸軍大臣だった。三井財閥の益田孝邸で捨松を見て、大山が一目惚れしたのだった。

当初、山川家の人々はこの申し出に嫌悪感を抱き、受け付けようともしなかった。なぜなら大山は会津の宿敵、薩摩の出身。戊辰戦争時、捨松らが立て籠る城を包囲した官軍の中にいた男である。しかも、死別した前妻との間には三人の娘がおり、年齢もすでに四十を超えていた。だが、捨松は自分の意志でこの結婚を承諾する。

どういう心境であったのか。思いをアリスへの手紙に綴っている。

「親愛なるアリス　現在のところ、私が就職できるような仕事はまったくありません。今一番やらなければならないのは、社会の現状を変えることです。それは日本では結婚した女性だけができることなのです。言い換えれば、教えることだけが日本を救う唯一の道ではありません。何か別の方法でお国のためになれないか私は考えたのです。でも、アリス、私はお国のために結婚するわけではありません。彼を愛し、彼も私を愛しているのです」

捨松は結婚すると、留学経験に裏打ちされた英語力と知性で夫の仕事を助け、鹿鳴館で開催される夜会で活躍。「鹿鳴館の名花」と謳われるようになる。とはいえ、名流夫人となることが彼女の本来の目的ではなかった。

日本社会における女性の地位向上に向けて、自分の名前と立場を積極的に利用する。日本女性が社会進出を果たすには、どうしたらいいのかを常に考えて行動していた。そのために「高位高官の妻」という自分をどう使えばいいのかを。彼女はまず看護学校を設立し、女性が看護婦として働く道を作ろうとする。その設立費用を捻出するため、アメリカ式のバザーを主催したのも捨松だった。

女子教育への思いはとりわけ深く、華族女学校（後に女子学習院）が開設される際には下田歌子、津田梅子とともに尽力した。一緒に育った姉のような存在であるベーコン家のアリスを同校の教師として、アメリカから招聘（しょうへい）するように図ったのも捨松だった。

しかしながら、華族女学校の教育が、男性本位の儒教的な価値観に染まっていくことに途中から捨松も梅子も疑問を感じるようになり、同校の運営から離れていく。

その後、梅子が女子英学塾（後の津田塾大学）を創立するにあたっては、全面的にこれを支援。世間知らずな梅子に代わって、面倒な折衝や資金繰りは、捨松が引き受けた。「大臣夫人」捨松の応援なくして、女子英学塾が誕生することはなかったと言われている。

大正五（一九一六）年に内大臣の職にあった夫、大山巌が死去。さらに妹分の梅子が体調を壊し、捨松はこれまで以上に女子英学塾の運営に必死にならざるを得なくなった。梅子に代わって塾長となってくれる人を選び出し、風邪気味で体調不良の中、無理を押して引き受けてくれるように頼みに行ったところ、この日の無理がたたって倒れ、あっけなく命を落としてしまう。

大正八（一九一九）年に逝去。五十八歳の生涯だった。

捨松の前に立ちふさがった壁は、今の日本社会から完全に取り払われたのか。女性活躍を唱える政治家には山川健次郎ではなく捨松の人生にこそ、思いを馳せてもらいたい。

石井筆子

1861―1944

近代のいばら路をつき進んだ障碍者教育の母

その名を知る人は少ない。

石井筆子本人が「道を伝えて、己を伝えず」という生き方を貫き、無名であることを望んだからではあるが、今こそ光をあてられるべき人物であると思う。福祉という概念のなかった時代に、声なき人々のために生きた女性であった。

筆子は文久元（一八六一）年に大村藩（長崎県大村市）という小藩に生を享けた。

父の渡辺清は上級藩士で勤王派として藩外にも名を知られた人物。坂本龍馬に薩長同盟の構想を語り、西郷隆盛と勝海舟が江戸城無血開城を決める会談の場にも陪席している。

維新後、この父は新政府に出仕することになり、筆子も明治五（一八七二）年に上京する。半年ほど東京の旧大村藩主邸に住み、藩主大村純熙（すみひろ）の娘、知久（ちく）の遊び相手を務めた後、日本初の官立女学校で、英語教育を重視する東京女学校に入学。さらに勝海舟家と縁が深いウィリアム・ホイットニー家の英語塾にも通った。単に英語をマスターするだけでなく西洋思想を理解し、キリスト教聖公会の信者にもなっていく。

このように東京で最先端の学問を修めて充実した生活を送っていた筆子だが、父の清が福岡県令（県知事）に任命されたため九州に戻ることに。明治十二（一八七九）年六月に前アメリカ大統領のグラント将軍が来日し、長崎で父の清が出迎えた際には筆子が通訳を務め、グラント将軍を感激させている。

当時まだ十代半ばだったが、この優れた少女に周囲の大人たちは結婚を強く迫った。相手は大村藩士の息子で秀才として知られた小鹿島果。親によって幼少の頃、果の許嫁にされていたのだ。筆子はこんな結婚はいやだと手紙で東京にいるホイットニー家の娘、クララに訴えた。クララもまた「日本の野蛮な習慣だ」と書き残している。

そうした最中に、願ってもない役目が筆子に舞い込んできた。幼い日に遊び相手を務めた大村藩主の姫、知久が熊本藩主の細川斉護の六男、長岡護美と結婚。オランダ公使である夫の長岡とともに現地に赴くことになり、筆子に随行して欲しいという。旧藩主の姫からの依頼であれば、両親も断ることはできない。筆子はこの話を受けると、すぐさまオランダ語とフランス語を学び渡欧する。

語学堪能な上に、長身で容姿も美しい筆子はオランダやフランスでも人目を惹き、日本外交を陰から助けた。

また一方で西洋社会を知った筆子は、ますます親の決めた結婚を疎ましく思うようにもなる。社会の中で自分の使命を果たして生きたい、と。

福岡にいる母に「小鹿島との結婚は断って欲しい」と手紙を書き送った。ところが母からの返信を読み、逆に心が揺らぐ。

「小鹿島家は維新後に落ちぶれ、また本人は重い病を抱えている。私からはとても言い出せないので、あなたから伝えて欲しい」

貧と病を抱える人を見捨てるようなことをしていいのかと筆子は深く悩むようになる。当時、筆子には恋心を抱いた外交官がいたようだが、小鹿島家のことがあり、結局、その恋を成就させることはできなかった。

帰国後の筆子は、「鹿鳴館の華」と謳われ、夜会では引く手あまたとなり上流社会で栄華を極めていった。

明治政府お抱えのドイツ人医師ベルツも筆子に会い、「英語、フランス語、オランダ語に堪能。自分が出会った最も魅力的な女性のひとり」と絶賛している。

だが、筆子自身は鹿鳴館の浅薄な華やぎを好んでいたわけではなかった。名家の婦人たちが「貧しい人のために」と鹿鳴館で開くバザーを手伝うものの、以下のような思いをクララには打ち明けている。

「貧しい女性を助けられるならば、私は自分の着物を売り、裸でいてもかまわない。でも、今、私たちがやっている施しは永続的には何も意味をなさない。彼女たちを自立できるようにしなければ。そのためになすべきことは教育だ」

貧しい人々に施しをしても、それは自己満足にすぎない、教育こそ与えられるべき、と。

筆子は津田梅子とともに華族女学校に奉職してフランス語を担当。また苦悩の末、二十四歳になってから親の決めた小鹿島との結婚の約束を果たした。夫の果は重い結核を患っていた。

結婚の翌年には長女の幸子を出産するが、この長女には生まれた時から発達の遅れが見られ、次女は生まれて間もなく死亡。三女にも長女と同じように知的障碍（しょうがい）があった。

病身の夫に、障碍を持つ娘たちの養育。すべてが筆子の肩にのしかかった。

明治二十五（一八九二）年に八年間の結婚生活の末、夫が死亡するが、筆子はこの時、三十一歳。名家から再婚話は降るほどあったがすべてを断る。明治三十一（一八九八）年には津田梅子とアメリカのデンバー市で開かれた万国婦人倶楽部大会に日本代表として参加。アメリカ国内の社会福祉、教育施設も視察して帰国すると、皇后に直接、報告している。当時、「女子は男子の付属物か」という一文を書いている。

一方で、キリスト教聖公会の信者であった筆子は、同じ信仰を持ち障碍者教育に身を捧げる石井亮一の活動に引き寄せられる。

若くして立教女学校の教頭となった石井は明治二十四（一八九一）年に濃尾地震が起こった際、親を失った少女たちが騙されて女郎屋に人身売買されていると聞き、被災地へ駆けつける。少女たちを保護して帰京するが、その中に知的障碍を持つ少女が数人いたことから、障碍者教育に目覚め、滝乃川学園を創設した、という人物だった。

筆子は、華族女学校や聖公会が経営する静修女学校で教えていたが、知的障碍のある娘を持ち、より貧しい環境にいる女性や知的障碍児の教育に従事することこそが、自分の果たすべき使命だと常々、考えていた。そんな筆子にとって石井は同志と言える存在だった。父に、「やっと自分の進むべき道を見つけた」と告げ、六歳年下の石井と四十六歳で再婚。「餓死しても」の覚悟で経営難から負債に苦しむ亮一を支え、滝乃川学園の存続に尽くし、教室の一角に畳を敷いて自分たちの居間とするような質素な生活を送った。

当時の日本に福祉の概念はなく、障碍者への差別は激しかった。その上、大正九(一九二〇)年には園児の火遊びが元で大火事となり建物が全焼する。

筆子は逃げ遅れた子どもが火の中にいると知り、飛び込んで救出しようとしたが、周囲に引き戻される。この時大けがを負い、以後、杖なしには歩けなくなった。六人の園児を焼死させることになり、周囲から「仕方がない」と慰められても、筆子は生涯、自分を責め続けていたという。

この事故から学園閉鎖を考えたものの、筆子の華族女学校時代の教え子である節子皇后(大正天皇の妻)から直々に激励されて存続を決意。さらに奮闘するものの、苦難は続いた。

昭和十二(一九三七)年に貧苦の中で夫の亮一が他界すると、高齢の筆子はひとりで学園を守り続けることに。

だが、時代は戦争へと向かう。

日中戦争から太平洋戦争へ。職員は次々と召集されて園児を世話できる人がいなくなった。その上に、食糧配給制になると、「障碍者は戦争に寄与しない無益な存在だ」と批判され、食べ物が届かなくなる。結果、三十数名の園児が餓死したという。
昭和十九（一九四四）年にはついに筆子も倒れ、涙をとめどなく流しながら、わずか数名の保母に看取られ八十二年の生涯を閉じた。

いばら路を知りてささげし　身にしあれば　いかで撓まん　撓むべきかは

栄華を捨て、いばら路を自ら進む。近代化の中で打ち捨てられた小さき人、弱き人の灯火となる。筆子が命がけで守った滝乃川学園は今も東京の国立市谷保に存続する。

川上貞奴
1871―1946

女性の自立を体現した元祖国際女優

付き合った男たちは、いずれも近代史に名を残している。とはいえ、彼女が著名な男を好んで渡り歩いた、というわけではない。男たちの方が彼女を必要とし、求めたのだ。

日本の女優第一号と言われる川上貞奴(さだやっこ)は、明治四(一八七一)年の生まれ。生家は江戸の両替商で、本来なら豪商の娘として育つはずであった。ところが、明治維新のあおりで家業が傾き、彼女は日本橋に近い葭町(よしちょう)の芸者置屋に引き取られる。

養母となったのは、可免(かめ)。芸者置屋を営む前は大奥で御殿女中をしていたといわれる女性で、血の繋がらぬ貞を溺愛し、読み書きから芸事までを自ら教えた。意気地(いきじ)のいい、江戸の女となるようにと願いながら。結果、貞は意志の強い、誇り高い少女となる。

十二歳になった時、貞は、「小奴」の名で半玉として座敷に出た。半玉とは芸者の見習いである。まだ一本になる前の半人前の状態をいうが、人に媚びない、独特の風格があり、この半玉時代から政財界の大物を惹きつけた。いずれは葭町を代表する名妓になると、誰もが目を細めていたという。しかし、少女自身は花柳界の水に慣れずにいた。自分の宿命だと思いつつも、諦めきれない。せめてもの反抗だったのか。貞は馬術や柔道といった芸者らしからぬ、荒っぽい趣味に没頭する。

ある日、貞は馬を走らせ、遠乗りに出た。無謀にも千葉県の成田山まで馬で行こうとしたのだ。その途上、野犬の群れに囲まれ、立往生する。この時、偶然、通りがかった学生が野犬を追い払い、救出してくれた。恩人の名は岩崎桃介（ももすけ）。当時は慶應義塾に身を置く学生だったが、後には「電力王」として知られるようになる。

ふたりは惹かれ合うが、苦学生と半玉という身の上。慶應義塾の塾長、福澤諭吉に見込まれ、岩崎にはその次女との縁談が持ち上がってもいた。一方、貞も花柳界に身を置く。いずれは旦那を取って一本立ちの芸者にならなくてはならず、結ばれようがなかった。

桃介は福澤家に婿入りして福澤桃介に。貞も花柳界で「水揚げ」を経験し、旦那を持った。水揚げ旦那となったのは、伊藤博文である。

その後、「小奴」から「奴」と芸者名を改めた貞は、気に入らないと高位高官の座敷でも中座する、気の強い、売れっ子芸者となるが、やはり自分の境遇には満足していなかった。何かを求めているものの、その何かがわからない。そうした中で貞は、ある男と出会う。

川上音二郎（おとじろう）は、壮士芝居の役者。劇中で歌うオッペケペー節で人気を博していた。壮士芝居とは、社会風刺や政権批判を芝居仕立てにして庶民に訴えるもの。国を憂うる壮士たちが演じたところから、その名がつけられた。

音二郎は福岡藩の郷士の子として文久四（一八六四）年に生まれ、東京に飛び出たものの金もなく路頭に迷い、一時は福澤諭吉に拾われて慶應義塾で学僕として学びながら働いていたと言われる。その後も職を転々としながら講談や落語を学んで、政権批判をする「書生芝居」「壮士芝居」と言われるジャンルを開拓。独特のリズムに乗せて社会風刺を歌う「オッペケペー節」で大評判を取るようになったのだった。

葭町の座敷で知る男たちとはまるで違う。権力に楯つき、官憲に捕まっては牢屋に放り込まれる音二郎に貞は惚れ込んだ。すっぱり芸者をやめると、音二郎の妻になる。

その後、音二郎は政治家への転身を図るが落選。芝居もあたらなくなり、借金が増え続けていった。

すると破れかぶれになった彼は小舟を買い、「これで日本を脱出する」と言い訳じみた大見得を切った。おそらくは貞が泣いて止めると思ったのだろう。ところが、貞は、「それなら私も」と一緒に小舟に乗り込む女だった。

東京湾からふたりは小舟で出発。岸沿いに進もうとする音二郎を貞は叱りつけた。

「お前さんには、いざという時、人に助けてもらおうという魂胆がある。沖に出なきゃいけない」

何度も難破しながら、約四カ月後、奇跡的にふたりが乗った小舟は、神戸にたどりつく。すると神戸でアメリカ興行の話が舞い込み、久しぶりに音二郎は「川上音二郎一座」を結集。一同でアメリカへと出立する。

しかしながら、アメリカに着いてみると、興行の話は絵空事で金もなく、食うや食わずに。飛び込みで営業をしたが埒が明かず、団員の中には飢えで衰弱死する者まで出た。

そこまで追い詰められた時、一座を救ったのは音二郎ではなく貞だった。

貞は舞台に立つ気などまったくなかった。とはいえ、西洋人が好むのは「ゲイシャ」と「ハラキリ」。音二郎に説得されて「芸者と武士」という出し物に貞は芸名「貞奴」として出演。するとその美しさと舞踊が、大評判となる。女優「貞奴」の誕生であった。あまりの人気で評判は他国にも伝わり、欧州諸国からも公演依頼が次々と舞い込んだ。

ヨーロッパに行ったところ、人気はさらにうなぎ登りに。イギリスではエドワード皇太子が観劇。フランスでは大統領夫妻に乞われてエリゼ宮殿で演じた。ドイツのザクセン王国の国王、ロシアのニコライ二世といった王族や、イタリアの音楽家プッチーニ、画家パウル・クレー、小説家アンドレ・ジッドらが熱狂。ロダンはモデルになってくれと貞を口説き、ピカソも夢中になった。

貞は欧米で喝采（かっさい）され、日本との違いを痛切に感じ取っていく。

日本では役者の社会的地位は低い。その上、女は演じることを許されず、男が女形として舞台に立っている。女性が尊重される西洋の文化に接して、貞は日本における女性の地位向上を願った。また、演劇が文化として尊重されるように、日本の現状を変えたいとも考えるようになる。西洋に倣って俳優養成学校を作り、女優を育成し、女性の職業として確立したい、と。

大成功を収めたヨーロッパから、日本に帰国した貞は、こうした思いを実行に移そうとする。だが、すぐさま日本の現実を知る。女優育成の必要を語ったところ、「芸者風情が偉そうに」「日本の伝統を壊す気か」と激しく批判されたのだ。

それでも貞は強い信念を持って帝国女優養成所（後の帝国劇場附属技芸学校）を開校するが、嫌がらせはエスカレートしていく。夫であり同志でもあった音二郎が明治四十四（一九一一）年に急死すると、さらに過熱し、「尼になれ」「後家は引っ込め」とまで糾弾された。

そんな貞に手を差し伸べたのは、あの初恋の相手、福澤桃介だった。貞も桃介もすでに四十代。当時の感覚で言えば、初老となっていた。

桃介は財界で名を成していたが水力発電事業に乗り出したところ、やはり世間の協力を得られず、批判され苦しんでいた。桃介は若き日の悲恋の相手である貞に、「そばにいて支えて欲しい」と申し出る。貞は悩んだあげく受け入れ、女優をやめると、桃介と共に暮らす道を選んだ。

とはいえ、福澤家の婿養子となり、子も孫もいた桃介は離婚することができない。そのため貞は「妾になった」とさらに世間から批判され、蔑まれるのだった。

プライドの高い貞には、耐えがたかったのだろう。桃介は大資産家であったが、貞は桃介の仕事を手伝いつつ、経済的に自立しようとした。

桃介から株のイロハを習うと自ら投資を始める。女相場師として名を轟（とどろ）かせ、儲けた金で紡績工場「川上絹布」を立ち上げる。

当時の紡績業は、女工たちに長時間労働を強いていたが、貞は女工の就労時間は九時から五時までとし、近代的な寮を作り、個室を各自に与えた。昼休みにはテニスを楽しめるようにし、茶道や華道まで学べる職場を目指した。労働者、とりわけ女性労働者の権利を軽視する日本企業のあり様に、貞は一石を投じたかったのだろう。

半玉時代に馬を乗り回したように、晩年はアメリカ製のオートバイに跨っていたという。

昭和二十一（一九四六）年に七十五歳の生涯を閉じるが、その墓は生前に自ら建立した成田山貞照寺(ていしょうじ)にある。音二郎の墓にも、離婚できなかった桃介の墓にも、入ってはいない。

男たちは貞にまとわりついた蔦(つた)にすぎない。彼女自身が紛れもない大樹であった。

クーデンホーフ光子

1874―1941

「EUの父」を産んだ町娘

民族や階級、生まれ育った文化や習慣を超えて、人はどこまで分かり合えるのか。世界中で右派勢力が台頭し、移民排斥の動きが見える。ヨーロッパではEUからの離脱をイギリスが表明。一方、東欧諸国はEU入りを果たすことでロシアから距離を置こうとする。令和四（二〇二二）年にはロシアがウクライナへ侵攻。事態は早期に収束することなく泥沼化しつつある。

欧州統一の礎（いしずえ）を築き、「EUの父」と呼ばれる、リヒャルト栄次郎クーデンホーフは、そのミドルネームからも窺い知れるように、日本人の血を引く人物である。

母の名は、クーデンホーフ光子、もとの名は青山光子。今から百三十年ほど前にオーストリア＝ハンガリー帝国の貴族、ハインリッヒ・クーデンホーフ伯爵と結婚し、七人の子をなした日本人女性である。

一介の町娘がヨーロッパ貴族に嫁ぎ、伯爵夫人になった。光子の生涯は華やかなシンデレラストーリーとして語られることが多い。だが、彼女が歩んだ実際の道のりは、苦難と哀しみに満ちている。何よりの不幸は生まれ育った文化の違いから、実の子どもたちと十分にコミュニケーションが取れず、親子関係が断絶してしまったことだろう。

光子は明治七（一八七四）年、まだ江戸の気配を色濃く残す東京の牛込納戸町に生まれた。家は油屋で骨董商をかねていた（植木屋という説もある）。尋常小学校をきちんと修了したかどうか、その点は定かでないが商家の娘として三味線や踊りといった稽古事を、みっちりと仕込まれて育った少女だった。

やや奥目で鼻筋がとおり、背丈もある容姿端麗な少女は、明治政府公認の接待場として芝に開設された「紅葉館」で給仕係となった（行儀見習いであったとの説もある）。

紅葉館は鹿鳴館と同時期に建てられた会員制の高級料亭で、鹿鳴館が洋館だったのに対して、紅葉館は日本家屋。和室の大広間があり、紅葉館に勤める女性たちによる手踊りなどが見られるため、西洋人を接待する場として重宝された。

ハインリッヒとの馴れ初めには、諸説がある。紅葉館にいた光子を見初めた、公使館そばにあった光子の生家に骨董品を見に行き出会った、家の近くで落馬したハインリッヒを光子が手当てした、など。いずれにしても、ハインリッヒが交際を強く望んだことから始まった関係ではあったろう。

光子は公使館に暮らすようになり、ふたりの間には子どもが誕生する。他の外国人高官と違ってハインリッヒは光子を日本にいる間だけの現地妻とするのではなく、正式に籍を入れた。そして、明治二十九（一八九六）年に任期を終えた彼は、光子と子を伴い帰国することに。出立の日が近づいたある日、光子は皇居に呼ばれ、美子皇后から直々に「お言葉」を賜わった。皇后は言った。

「そなたは西洋の一等国の栄えある貴族のもとに嫁ぐのであるから、日本の恥とならぬように。クーデンホーフ伯爵夫人として日本国の名誉を十分に守るように」

光子にとって、この体験は一生を通じて忘れ難いものとなっていく。皇后の言葉を光子は生涯忘れず、生きる支えとしたのだ。

夫の指導のもと、光子はすでに英語、ドイツ語はもとより、洋装での身のこなしや、ナイフとフォークを使ったテーブルマナーを学んでいた。キリスト教カトリックへの改宗も済ませた。このような修養は渡欧後も続くことになる。

クーデンホーフ家はボヘミア地方（現在のチェコ領）に広大な所領を持ち、その城に光子は女主人として迎えられた。大勢の使用人にかしずかれ、ウィーンの社交界にもデビューを果たす。十九世紀半ばに浮世絵が伝わりフランスの芸術に大きな影響を与えている中、光子には好奇の目が向けられ、注目された。

伯爵夫人となった光子は、日本で出産した三人の子どもに加え、異国の地で新たに四人の子どもを得ることになる。夫は語学の天才として世界的に知られており、哲学や思想にも造詣が深い。世界中の宗教を統合できないかと夢想する知識人でもあった。

そんな彼が東洋人の妻を持ち、自ら教育にあたったのは、彼の学問的興味から来る「実験」でもあったのだろうか。光子は言われるままに女学生のように夫の指導に従い続ける、幸福で貞淑な妻だった。

ところが、こうした日々は、突然、破壊される。渡欧から十年目、伯爵が四十六歳の若さで心臓発作を起こして亡くなったのだ（自殺説もある）。光子はまだ、三十一歳だった。

今まで夫に任せていた子どもたちの養育、財産の管理や所領地の運営といったことごとが、突然、光子の細い肩にのしかかってきた。夫の遺志を継いで、子どもたちを立派なヨーロッパ貴族に育て上げなくてはならないと思いつめ、親戚や使用人に騙（だま）されてはならないとも気を張るようになる。夫は全財産を光子に相続させると遺言を残していたが、親族から訴訟を起こされ裁判にもなった。光子は法律書を読み、この裁判に勝訴している。

光子はこうした経験を経て、厳しい母、厳しい領主に変貌する。子どもたちの目には、「優しかった母は、まるで別人格になった」と映った。

時代もまた激しく動いた。夫の死から八年後、オーストリア＝ハンガリー帝国の皇位継承者フランツ大公がサラエボで殺害され、第一次世界大戦が始まったのだ。

心細い日々の中、彼女が心の支えとしたのは、成長した長男ハンスと次男リヒャルトの二人だった。

光子は七人の子どものうち露骨なほど、上の二人だけを溺愛した。また、息子に比べて娘たちには厳しく、冷淡だった。明治初期の日本で育った光子には、儒教的な価値観、男尊女卑的な思考が根づいていたのだろう。

日本では当たり前とされる考えや振る舞いが、西洋では理解されず、誤解の元となることも多かった。かばってくれる夫はもういない。西洋的な価値観や知性を身につけていく子どもたちとの間には、言葉の問題もあり溝が生じた。

次男リヒャルトは光子にとって、自慢の息子だった。大変な美男子で学業も極めて優秀。大人になったリヒャルトと並んで歩く。それは光子にとって晴れがましい、幸福なひと時だった。ところが、思いがけぬことが起こる。まだ若い息子が結婚すると言い出したのだ。相手は女優のイダ・ローラン。イダは光子の知人で、年齢も光子に近かった。息子が母ほど年齢の離れた年上の女性に恋をし、結婚したいと言うのを聞いて、光子は半狂乱となる。西洋では女優は芸術家として尊敬されており、ましてやイダは名女優として、欧州ではその名を広く知られていた。だが、日本では役者は「河原乞食」と見下されている。光子はイダを激しく罵り、息子はそんな母を非難した。ついには親子は絶縁。リヒャルトはイダと結婚して生きる道を選んだ。

すると追い打ちをかけるように長男のハンスもサーカスの馬術師の女性と恋に落ちてしまう。光子は長男にも激怒し、やはり絶縁状態となる。

「子どもは親に従うもの」「結婚は親が決めるもの」と日本育ちの光子は考えていたのだろうし、クーデンホーフ家を守らなくてはならず、日本人の母のせいでと批判されることを恐れたのかもしれない。皇后から賜った言葉も胸に去来したのだろう。だが、振り返って考えてみれば、日本人女性を妻にするという決断こそ、当時の欧州の貴族社会では考えられぬことであったはずだ。光子は自分の夫が実行した、愛する人との階級を乗り越えた結婚を、自分の子どもには認めようとしなかったのだった。

第一次世界大戦はオーストリア＝ハンガリー帝国の敗北に終わった。光子は夫の死後にハンガリーの領地を処分してウィーンに転居していたが、戦争の結果、クーデンホーフ家はボヘミアに領地が残ったためチェコ国籍となる。

風の便りに「欧州統合」を唱えて次男リヒャルトが論壇で活躍し始めたのを知ると、さすがに嬉しかったのだろう。絶縁を解いて再会を果たす。とはいえ、この時も「イダは連れて来ないで」と言い、息子を奪った知人を決して許そうとはしなかった。

五十一歳で脳卒中を起こして身体の自由が利かなくなると、一日の大半をベッドの上で過ごすようになった。次女のオルガだけが母を見捨てられず献身的に支えたが、その娘に対しても、病のせいでもあるのだろうが、光子は度々癇癪（かんしゃく）を起こし、あたり散らしていたという。

その後、第二次世界大戦が始まり、次男リヒャルトはナチスに追われ、アメリカへ亡命。一方、光子はウィーンで次女オルガとともに暮らし続け、昭和十六（一九四一）年八月、六十七歳の生涯を終えた。

「自分の世話をしてくれたオルガ以外の子どもには何も相続させない」と意地のように遺書に記して。

戦争が終わり、次男リヒャルトがアメリカから凱旋し、欧州統合の立役者として時代の寵児になっていくのは、光子の死後のことだ。

イングリット・バーグマン主演のハリウッド映画『カサブランカ』に登場する、ヒロインとアメリカへの亡命を果たす反ナチスの闘士「ラズロ」はこのリヒャルトがモデルであると言われている。

日本と欧州の間にあった光子の一生。異文化の狭間（はざま）に散った挫折の人生と見るか、欧州統合の理念に少なからず貢献した「母」と見るか。

夫の存命中は、西洋の教養を身につけようと必死に努力した光子だったが、晩年は日本から持参した三味線を、ベッドの上でひとり爪弾いていたという。

河原操子

1875―1945

アジアのかけ橋を目指した女教師

冷戦時代まで分断国家といえば、ドイツがその代名詞であった。現代では北朝鮮と韓国が頭に浮かぶところだが、他にも大国の思惑に翻弄されて二つに引き裂かれた国がある。しかも、日本との縁は大変に深い。

モンゴルだ。

かつては清の支配下にあったが、辛亥革命によって清が滅亡すると、北モンゴル（外蒙古）はロシアの支援によって中国から自立、南モンゴル（内蒙古）は中華民国の一部に組み込まれた。その後、北モンゴルはソ連の強い影響下に置かれたが、現在はモンゴル国として独立を保っている。一方、南モンゴルは日本の侵略によって一時は東部が満洲国に組み込まれ、西部には日本の傀儡政権（蒙古自治邦政府）が樹立されたが、戦後は再び中国の一部（内モンゴル自治区）となった。現在は、自治区とは名ばかりで大量の漢族が移住し、モンゴル族のほうが少数となっている。

今から遡ること約百二十年前、まだモンゴルが清の支配下にあった時代に、この地に派遣されたひとりの日本女性がいた。

彼女の名は河原操子（かわはらみさこ）。日露戦争が勃発する直前の明治三十六（一九〇三）年、密命を帯びてモンゴル入りした女性である。その時、操子は二十八歳だった。

操子は、明治八（一八七五）年、松本藩の藩儒、河原忠のひとり娘として長野県松本市に生まれた。

父の忠は孔孟（こうもう）を生んだ国を心から敬愛しており、「日本と清（中国）が手を握り合わなければ東洋の平和は得られない」と周囲に説く人であった。旧松本藩からは、西洋列強の進出に苦しめられる中国を助けようと考えて大陸に渡る大アジア主義者の青年たちが輩出されているが、その中には清の有力皇族であった粛親王（しゅくしんのう）の娘を引き取り、養女（川島芳子）として育てた川島浪速（なにわ）もいる。彼も忠の影響を受けた青年だった。

このような父、忠の薫陶（くんとう）を受けて操子も、「女なれども、学問をよくし日中友好のために尽くしたい」との志を強く抱くようになる。

操子は東京女子高等師範学校（現・お茶の水女子大学）を卒業後、長野市立長野高等女学校（現・長野西高等学校）に奉職。だが、長野県下の優秀な女学生たちに勉学を教えるだけでは日中友好を願う父の思いを果たせないと、次第にあせりを感じるようになっていく。

自分は何をすべきなのか。教師である自分に何ができるのか。

悩んだ操子は女子教育界の権威であった下田歌子の元を訪れ、自分の思いを率直に打ち明けた。

下田もまた、日本と中国が固い絆で結ばれなくては、西洋に侵略されてしまうとの考えを、強く持つ人であった。下田は若い操子の志を知って喜び、横浜にある中国人子女が通う大同学校の日本語教師という職を紹介した。そしてさらに二年後、上海の務本(ウーペン)女学堂の教員にならないかと、操子に打診する。

務本女学堂とは、上海にある中国人子女向けの女学校で、生徒は当然ながら中国人である。西洋人が上海にキリスト教をベースにしたミッションスクールを次々と開校していく中、「このままでは女子教育を糸口として西洋人に文化面で支配されてしまうのではないか」と危機感を抱いた中国人男性が立ち上げた女学校だった。校長である彼は、「近代教育の模範は同じアジアの国である日本にこそ求めるべき」と考え、日本人教師の派遣を日本側に求めたのだった。

操子はこの話を受けて単身、上海に渡ると中国人校長の思いに応えて、全身全霊で中国人少女たちの教育にあたった。

日本語、算術、唱歌、図画を受け持ち、生活面の指導もした。また、自分自身も懸命に中国語を学んだ。さらに操子は外国人に与えられる特権を捨てて「城内」と言われる中国人だけが暮らす劣悪な地域に移り住み、心から中国を理解しようともした。そんな操子の存在は際立っており、中国人から尊敬されただけでなく、日本陸軍からも厚く信頼されるようになる。

その頃、日露関係はいつ戦争が起こってもおかしくないというほど緊迫していた。すると、陸軍から操子に、ある相談が寄せられる。

ロシアと清の国境付近には草原が広がり、モンゴル族が暮らしていたが、当時のモンゴルは清に服属したモンゴルの王たちが、統治していた。

陸軍から相談されたこととは、そのひとつであるカラチン旗に教師として赴いてくれないか、というものだった。というのもカラチン王と王妃は来日した際、日本の教育制度に感銘し、自分の統治する王府内に日本式の女学校を作りたいと考えるようになった、ひいては日本人女性教師の派遣を望んでいる、その役目を引き受けて欲しい、というものだった。

だが、軍部からの依頼はそれだけでなく、教師として王府に行ったならば現地でロシアの動きを観察し、逐次(ちくじ)、報告して欲しいともいう。危険な秘密任務であるが、操子はすべてを引き受けると決め、カラチンへと旅立った。

カラチン旗はロシア国境と北京の中間に位置し、草原の中にある。出立の日、父から贈られた懐剣を胸に、ラバが引く轎(きょう)（駕籠(かご)）に操子は乗った。カラチンまで北京から九日ほどかかると聞かされていた。操子はその時の思いを後年、こう書き記している。

「カラチンはいずこ、北京の東北にあり。途中の旅に九日ばかり要すべしと。（中略）長城以北の宿りは天幕にもやあらん、あるいは馬賊の難あらんも測られじなど、問えば問うほど気づかわしさの増す答のみにて、かよわき女の身には恐ろしくさえなりたり。（中略）

恐ろしといい不安に感じて躊躇するは、無事泰平の世に於ての事、今わが故国は、二千数百年来未だ曾てなき重大の時期に臨み、まことに国家興亡の岐るる秋なり

（『カラチン王妃と私』）

　カラチンまでの道のりは馬賊が出るとも聞く。だが、恐ろしい、不安だなどと思って躊躇するようなことは、日本がロシアとの緊張関係にある今、考えるべきではない――。

　カラチン王と王妃は操子を待ちかねており歓待された。操子は遠路をやってきた疲れをまず癒すようにと言われたが、休むことなくすぐさま女学校の開校に取り組み、期待に応えた。と同時に、操子は陸軍から与えられた特別な任務も果たしていく。王府に身を置いて気づいたこと、主にロシア情勢に関わる情報を収集して手紙に書き綴ったのだ。事情を察した親日派のカラチン王妃が、北京にある自分の実家に送る荷物の中に操子の北京公使宛の手紙を紛れさせ、無事に届くよう便宜を図ってくれた。操子がカラチンに渡った翌年、ついに日露戦争が始まった。するとある冬の日、旅のラマ僧たちが、カラチン王府に立ち寄り、旅装を解いた。操子が彼らをよく見ると、驚いたことに、そこには見知った顔があった。彼らはラマ僧に変装した日本人の一行、横川省三に率いられた横川特殊任務班だったのだ。

　この横川隊は民間人を含む、日本陸軍の特務工作に携わる連隊だった。ロシア軍の補給路である東清鉄道を爆破する任務を負い、彼らはラマ僧に変装して爆破地点に向かおうと

する途上で、カラチン王府に立ち寄ったのだった。

操子は日本人だと気づいたが、感情を押し殺してモンゴル人のラマ僧として接し、送り出した。カラチン王府の中には親ロシア派の高官もおり、またロシアに通じたスパイもいるという中での出会いと別れであった。

この横川隊はその後、鉄道爆破を果たす前にロシア兵に捕まってしまう。銃殺される直前、「ポケットに入っている金は、すべて貴国の赤十字に寄付したい」と述べ、ロシア兵士たちを感動させたという逸話が今に残されている。

日露戦争は日本の勝利に終わったが、その後も操子はカラチンに留まり、モンゴル人子女の女子教育に専念した。だが、滞在から二年が経ち、操子は日本で勉強し直してから再度、カラチンに戻ろうと考え、後任の日本人女性教師（人類学者・鳥居龍蔵（とりいりゅうぞう）夫人きみ子）と入れ替わる。王妃は「絶対に帰ってきてくださいね」と念を押し、操子もそのつもりだったという。

ところが、帰国すると本人の知らぬところで横浜正金銀行ニューヨーク支店副支店長の一宮鈴太郎との縁談がまとめられており、これを断ることはできなかった。結婚後、渡米することに。カラチンに戻る道は完全に閉ざされた。王妃やモンゴル人生徒たちのことを思い、約束を破ったことを、操子はその後も気にしていたと伝えられる。

日本と中国とが手を結ぶ、そのためにも中国の近代化に日本は尽力するべきと説いた。操子の父をはじめとする大アジア主義者の主張は当初は純粋なものであったのだろう。だが、その後の日中の歴史は友好とは言われぬものとなってしまい、モンゴルも両国の対立に翻弄されていった。操子はその道のりに何を思っていたことだろう。残念ながら肉声は伝えられていない。

終戦を知ることなく昭和二十（一九四五）年三月、六十九歳で静岡県熱海市に没した。

今日、旧カラチン地区は中国の内モンゴル自治区赤峰市（せきほうし）とされている。

かつてここにカラチン王府があり、親日家の王族夫妻がいたことも、日本式女学校があったことも、今では知る人もない。

カラチンはいずこ――。

すべては夢の跡である。

川島芳子

1907―1948

日中の対立に翻弄された清朝の王女

存命中から小説や芝居に取り上げられて実像よりも、虚像が一人歩きした。

「男装の麗人」「東洋のジャンヌ・ダルク」「東洋のマタ・ハリ」「熱河作戦を戦った女司令官」――。

「酒とダンスと恋愛に溺れた奔放で淫蕩な女」「肉体を武器に諜報活動をした女スパイ」とも。こうした文言は全てメディアが無責任に作り上げたもので彼女の本来の姿からは、かけ離れているのではないか、との思いを私は彼女の書き残した手記や詩歌を読むたびに強くする。

日中の狭間に身を置き、刑場の露と消えた川島芳子。

彼女は確かに奔放で才知にたけ、美貌にも、身分にも恵まれていた。故に波乱の生涯を送った。清朝皇族の血を引く少女は親から引き離され、日本人を養父とし、日本軍部にその存在を利用され、彼女もまた、軍部を利用した。一見、破滅的に見える行動も取った。だが、その根底には常に、彼女が語り残しているように、「中国の苦しむ民衆を救いたい」

という一途な思いがあった。

男装、それも時には軍服のような衣服に身を包み、「男装の麗人」と言われて著名になったが、そこにも、それなりの理由があった。彼女は獄中手記で理由をこう書き残している。

「僕をして正直に云わしむれば、女性の男装に対して、世人は奇異の眼を見張って噂をたてる。それを僕の歩むべき将来への道に利用したかったのだ。尋常一様、人並のことをやって居たのでは、人の目に立たぬ。より多くの人が目につけ、そしてもてはやして呉れる様にならなければ、ずば抜けた仕事が出来るものではない。僕の理想とする目標は、東亜の大局保全にあったのだ。どうしたら不遇をかこち、そして苦しみ悶えて泣く支那四億の民衆が救われる？　此の一念で幼少の頃から凝り固って居た」

男装をし、自分を「僕」と呼んだのも世間の目を自分に向けさせ、その知名度を利用して、東亜の平和、何よりも虐げられる中国の民衆を救う事業に役立てたいと思ったからだ、と。

彼女の中では中国も日本も母国。両国が親善のもと手を結ぶことを願った。「軍服に身を包んだ平和の使者」でありたいと思っていたのだ。だからこそ、日中戦争が始まると、彼女の苦悩は深くなり、日本の軍部に対して反発するようになった。なぜ日本人と中国人が殺し合わなければならないのか。彼女はこんな言葉を口にしている。

「討つ人も討たるる人も心せよ、同じ亜細亜の同胞ならずや」

川島芳子は清朝の皇族、粛親王の第十四王女として、明治四十（一九〇七）年に北京で生まれた。当時の名は愛新覚羅（あいしんかくら）顕玗（けんし）（別名は金璧輝（きんへきき））。

生まれた時は王女であったが、四年後の明治四十四（一九一一）年に辛亥革命が起こり、およそ三百年続いた清は滅亡。粛親王家は退位に反対する立場を取っていたため、北京から満洲・遼東半島の旅順に避難する。

住み慣れた北京から離れて仮住まいとなったこの時、粛親王家を献身的に支えたのが日本人の川島浪速（なにわ）だった。

川島は松本藩士の息子として慶応元（一八六五）年、信州の松本に生まれ、地元で河原忠らの影響を受け興亜論に目覚める。「西洋のアジア侵略を防ぐには、中国と日本が固く結ばれなければ」と考えるようになった彼は、東京外国語学校支那語科で中国語を学ぶと大陸へ。日本軍部の通訳を経て、義和団事件後に警察官養成学校（北京警務学堂）の校長として中国人の警察官養成に尽力し、清の皇族の粛親王から深い信頼を得た。以後、両者は国籍、身分を超えて交遊を結ぶのである。

粛親王と川島は満蒙（満洲と蒙古）を中国から独立させ、清朝を復活させる「満蒙独立」をともに夢見た。

同志としての契りを強固にしたいと考えた粛親王は子どもに恵まれない川島に自分の第十四王女、愛新覚羅顕玗を養女として与える。王女はこの時から「川島芳子」となるのだった。

川島は「満蒙独立」の実現に向けて、日本政府を動かそうと考え、六歳の芳子を伴い日本へ帰国し、芳子は東京で豊島師範学校附属小学校を卒業すると跡見女学校（現・跡見学園）に入学。大正十（一九二一）年には一家で川島の故郷である松本に転居することになった。

浅間温泉近くの自邸から芳子は馬に乗って松本高等女学校（現・蟻ヶ崎高等学校）に通学し、人目を引いたという。

その翌年には、父の粛親王が逝去したため、旅順に一時帰国したが、半年後、松本に戻ると髪をぷつりと切って男装するようになる。亡き実父、年老いた養父に代わって、自分が使命を果たすと決意してのことであった。

昭和二（一九二七）年には満蒙独立という共通の夢を持つモンゴル族のカンジュルジャップと大陸で結婚。しかし、結婚生活は長くは続かず、二年後には別居し、その後、離婚へと至る。

同時にその頃から、上海で特務工作に従事していた田中隆吉（たなかりゅうきち）と組み、諜報活動に従事したとされるが、果たしてどれほどの働きをしたのか。昭和六（一九三一）年、清朝皇妃であった婉容（えんよう）を天津から旅順にいる溥儀のもとへ脱出させる工作に協力したことは確かに事実ではあるが。翌年に満洲国が建国され溥儀が皇帝になると、芳子も「満洲建国に尽力した男装の清朝王女」と盛んに持てはやされる。働きを誇張されて、軍部の宣伝に利用されたように見えてならない。

　その後も関東軍が熱河に軍事侵攻した際には芳子に、「司令官の肩書が与えられた」と報じられた。だが、これも彼女が指揮を執ったというわけではなく、軍部に宣伝材料として利用されたと見るべきだろう。芳子自身はかなり早い段階で満洲国の欺瞞性(ぎまんせい)に気づき、失望を募らせていた。「日本人である前に、亜細亜人でなければならぬ」と講演で語り、軍部の怒りを買ったこともある。

　柳条湖事件から日中戦争に突入すると、芳子の軍部批判はいっそう激しくなり、ついには日本国内で軟禁されてしまう。また、盛んに男性関係の醜聞を流されるようにもなっていく。芳子は絶望し、心情をこう吐露した。

「家有れど帰る能はず　涙有れど誰と語らん（家あれども帰り得ず　涙あれども語り得ず）」

　昭和二十（一九四五）年の終戦時、中国にいた芳子は国民党政府に逮捕され、「中国人でありながら日本軍部に協力した漢奸(かんかん)」の罪で死刑判決を受ける。

　獄中から松本の川島浪速に「自分が養女であることを証明したい。日本の戸籍を送って欲しい」と必死に頼んだ。日本国籍を持っていることが証明できれば、漢奸の罪に問われることはないからだ。

　だが、ようやく届いた川島家の戸籍には、芳子が入籍したという記録がなかった。手続きを怠っていたのだろう。そのため判決を覆すことはできず、昭和二十三（一九四八）年三月二十五日午前五時、死刑は執行され、芳子は銃殺された。享年四十二。

芳子が男装するようになったのは川島浪速に強姦されたからだといった根拠のない噂話が流布し、また一方では、「処刑されたのは替え玉」との説が今も絶えない。こうした状況を予見するかのように、芳子は獄中でこんな言葉を残している。

「最後まで、誰も僕の正体を摑むことが出来なかった」

誰一人、自分を理解してくれる人はいないという思いを抱えて、彼女の孤独な魂魄(こんぱく)は今も彷徨い続けているのだと、私には思えてならない。

人見絹枝

1861—1944

祖国に潰されたアスリート

オリンピック第一回大会がギリシャのアテネで開かれたのは明治二十九（一八九六）年。十四カ国が参加したものの、選手は男性に限られていた。
オリンピック創始者のピエール・ド・クーベルタンは「女性が参加するのは不快。女性がすべきことは出産であって、自分が記録を残すことではない。記録を残すような息子を育てることだ」との考えであった。
明治三十三（一九〇〇）年にパリで行われた第二回オリンピックでは、テニスとゴルフに限り女性も参加を許されるが、それはどちらも貴族階級において、たしなみとされたスポーツだったからだろう。
その後、次第に馬術や水泳にも女性は出場できるようになったが、最後まで陸上競技だけは参加を許されなかった。「苦痛に顔をゆがめるような競技は女性にふさわしくない」「競技をしている姿が美しく見えない」「過酷で母体によくない」というのが、男性たちの反対理由であったという。

オリンピックを運営する男たちのこうした考えに反発し、「それなら女性だけでオリンピックをしよう」と提唱したのが、フランス人の女性実業家、アリス・ミリアだった。ミリアは大正六（一九一七）年にフランス女子スポーツ連盟を立ち上げると、大正十一（一九二二）年には、志を同じくするイギリス、チェコスロバキア、イタリア、アメリカ、スペインの代表らとともに、国際女子スポーツ連盟（ＦＳＦＩ）を設立し、一九二二年には女性だけの世界大会「女子オリンピアード（Women's Olympiad)）」をパリで開催。同時に、国際陸上競技連盟（ＩＡＡＦ）や国際オリンピック委員会（ＩＯＣ）に「オリンピックにおける陸上競技に女性の出場種目を増やすように」と働きかけた。

こうした努力が実り、ようやく昭和三（一九二八）年、第九回アムステルダムオリンピックで百メートル走や八百メートル走、円盤投げなど、五種目に限って女性選手が参加できるようになる。この記念すべき大会で目を見張る活躍をしたのが、日本人アスリートの人見絹枝だ。

絹枝は日露戦争が終わって間もない明治四十（一九〇七）年、岡山県御津郡福浜村（現在の岡山市南区）に生まれた。家は代々の農家。両親と祖母、姉に見守られながら、彼女は野山を駆けめぐり、のびのびと育つ。

お転婆娘だったが、小学校時代から和歌を詠み文学的な才能も発揮した。

父は無理をしてこの成績優秀な娘を、女学校に進学させた。小さな農村で、それは非常にめずらしいことだった。難関の岡山県立岡山高等女学校に通うことになった娘に、父はこう言い聞かせたという。

「お前も知ってのとおり、女学校に行かせるだけの資力はこの家にはない。百姓ひとつで勉強なんか考えない村の人々からは、いろいろと言われるだろう。でも、お前がしっかりと勉強してくれれば、それでいいんだ」

農家の娘を女学校へ行かせて何の意味がある、と村人たちが陰口を叩いていることも、両親が厳しい家計をやりくりしていることも、十分にわかっていた。父のこの言葉に、絹枝は涙をこぼした。

だからこそ、何事にも全力で取り組んだ。この頃、女学校ではテニスが盛んだった。絹枝も親にせがんでラケットを買ってもらうと、努力を尽くした。人の何倍も。その結果、わずか一年で女学校対抗戦の代表選手に選ばれるまでになる。女学校の名誉を背負って大会に出場し、大活躍をした。とはいえ、彼女にとってスポーツはあくまでも余技。卒業後は、奈良女子高等師範学校（現・奈良女子大学）に進学し、教師になりたいと考えていた。だが、そんな絹枝の人生を大きく変える出来事が、卒業を控えた大正十二（一九二三）年に起こる。

きっかけは小さなことだった。「陸上競技大会に出場して欲しい」とテニス部の顧問教師から頼まれたのだ。脚力を見込まれてのことだった。絹枝は気が進まなかったが断りきれなかった。すると走り幅跳びで、いきなり日本最高記録（非公認）を出して優勝してしまう。

そんな絹枝に女学校の校長が、ある提案を持ちかけてきた。

「二階堂体操塾（現・日本女子体育大学）に進学してはどうか」

絹枝はこれを断った。

「体操学校なんか頭が悪い人達が集まる所だ。そんな所には行くものか」

だが、周囲に押し切られて結局は二階堂体操塾に入学する。

学校は東京にあった。塾長の二階堂トクヨや、他の塾生たちと一つ屋根の下で暮らす生活が始まる。

校長の二階堂は会津藩士の血を引く女性で、元は女子高等師範学校出の国語教師だった。しかし赴任先で急に体操を担当させられ、体育教育に目覚めていく。イギリスに留学し、軍国調ではなく、スポーツとして競技を楽しみながら身体を鍛える、という体育の理念を知った彼女はまた、イギリスのように女性の体育教育は女性が担うべきだと考えるようになる。二階堂はこの考えを帰国後、強く主張したが、男性を中心とした体育教育界では、取り合ってもらえなかった。そこで大正十一（一九二二）年、彼女は私財をはたき、女性のための体育学校として二階堂体操塾を創立するのである。

この二階堂のもとで、絹枝の才能はすぐさま開花した。陸上大会に出場すると日本新記録を次々と叩き出し、三段跳びでは世界記録を更新する。すると、「日本人女性がはしたない」「伝統を破壊する気か」と書かれた非難の手紙が塾に投げ込まれもした。

卒業後、絹枝は体育教員になるが、その後、転職。知名度と文才を活かし、大阪毎日新聞社でスポーツ面を担当する記者となった。

その上で、新聞社の全面的な応援を受けて昭和元（一九二六）年、スウェーデンで開かれた第二回国際女子競技大会に出場するのである。

絹枝は欧米の選手と出会い、彼女たちが記録や勝負にこだわらず、純粋にスポーツを楽しんでいることに感動する。それに比べて日本は、なぜ記録ばかりに関心を向けるのか。

彼女はこの大会で超人的な活躍をした。百メートル走で三位、円盤投げで二位、走り幅跳びで一位、立ち幅跳びで一位。走る、投げる、跳ぶ。現地では「ワンダフル！」と感嘆の声が上がり、他の女性選手たちはもとより、観客もその活躍を褒め称えた。

二年後の昭和三（一九二八）年、アムステルダムでオリンピック大会が開かれ、初めて女性が陸上競技に選手として参加できるようになると、絹枝には、あまりにも重い期待がかけられた。

日本では、「百メートルは金メダル確実」と大々的に報じられていたのだ。ところが、絹枝はその百メートル走で失速。メダルには手が届かなかった。「このままでは国に帰れない」、そう思い詰めた絹枝は、急遽、今まで走ったこともない八百メートルへの出場を現地で決める。女性にとって最も過酷な競技と言われたこの八百メートル走で、絹枝は死力を尽くした。結果、銀メダルを手にする。

帰国後、絹枝はスターとなった。様々な依頼が殺到し、その対応に忙殺されていく。後進の指導にも熱心にあたっていたが、どの試合でも主催者からは教え子ではなく、絹枝本人に出場して欲しいと頼まれる。しかたなく無理を押して出場すると、今度は「出しゃばりで後輩たちの機会を奪っている」と批判された。

昭和五（一九三〇）年、チェコのプラハで開催された第三回国際女子競技大会に、絹枝は五人の後輩少女を連れて参加。彼女たちの旅費を捻出するため、出立前は募金イベントに出場し続け、すでに肉体を酷使していた。それでも、絹枝は力を尽くし、六十メートル走で三位、走り幅跳びで一位、槍投げで三位、三種競技で二位という成績を残した。

その姿にチェコ大統領夫人が感激し、「ワンダフル人見」の大ファンとなったと伝えられる。大会後も日ベルギー戦、日仏戦、日英戦と交流試合が続き、どこでも絹枝の出場が求められて休む間がなかった。

ようやく帰国の途についたが、その船中で新聞や自分宛に届いた日本からの手紙を読み、彼女は奈落の底に突き落とされる。

新聞に「期待外れ」と書かれ、批判されていることを知ったからだ。受け取った手紙にも、「出発の時、あれだけ大きなことを言って出かけたクセに、今度の成績はどうです？はづかしくて近所の人にも顔を合わせられない始末です。帰るときにはベールをかぶっていらっしゃい」とあった。

あれだけの成績を残しても、まだ日本人は満足してくれないのか。絹枝はこう書き綴る。

「なにが故国ぞ！　何が日本ぞ！」「日本の選手が（中略）実力以上に働けないのは、あまり故郷の人々が勝負にとらわれ過ぎるからである。罪多き世の人よ！」

日本に上陸した時点で心身は疲れ切っていた。それでも無理を押して、挨拶回りや講演をこなしたところ、間もなく倒れ、そのまま回復することなく彼女は息を引き取る。

死ぬ間際まで心配していた——。

「自分がここで死んだら、『女なのにスポーツをしたからだ』と言われないだろうか」と。

全力疾走した二十四年の生涯。世界中の女性アスリートが、その早すぎる死を嘆いた。

「ワンダフル人見」の死を。

あとがき

本書をまとめるにあたり、タイトルをどうつけるかで悩んだ。「女でたどる日本の近代」「女が日本で生きるということ」「近代史の女性たち」他、いくつかの候補から最終的に『近代おんな列伝』のタイトルを編集部とともに選んだ。「女」とするか、「女性」とするか。この点も考えさせられたことだった。「女」には、それも、とりわけ男性がこの言葉を用いる場合には、差別感情が含まれるとして敬遠される傾向にあることは、私も十分に理解している。だが、そうした面があるからこそ、それをも含めて、女性の置かれた現状を伝えるには、やはり、女、それもひらがなで「おんな」とするのが、この本にはふさわしいように思え選んだ。

表紙に甲斐荘楠音（かいのしょうただおと）の「女人像」を選んだのも、私からお願いしたことで、幸いなことに著作権者の甲斐荘龍夫様ならびに所蔵者の方にご快諾いただけた。

甲斐荘は女性の感性をも持ち合わせながら、男性の身体を持って生まれた日本画家である。日本画の伝統技法を身につけていたが、同時に西洋美術、わけてもレオナルド・ダ・ビンチやミケランジェロに感銘を受け、その影響が画風にも現れている。この「女人像」もダ・ビンチの作品「モナ・リザ」を彷彿とさせ、描かれた女性の表情は何かを含んだようで謎めいており、聖母のようにも、遊女のようにも見える。

明治という時代は、苦界に置かれた女性がファーストレディになる一方で、多くの娘たちが親によって当たり前のように身売りをされた時代である。

西洋の文化と価値観が流れ込み、東洋のそれと混じり合った。日本における近代の、その混沌とした感じが現れているように思えて、是非とも表紙にと望んだのだが、考えてみれば作者の甲斐荘も日本画壇の中では異端とされて居場所を得られず、日本美術史の中では正当に評価をされなかった人物である。

本書は会員制の雑誌『選択』で私が連載している「をんな千一夜」より幾編かを選び、大幅に加筆した原稿を編んだものだ。女性たちの生涯を紹介しつつ、日本の近代化の過程を振り返りたい、との思いから始めた連載は今も続き、とりあげた女性は七十人を超える。本書では、そこから三十七人に絞ったが、絞り込む際には、教科書で取り上げられるような人物よりも、誤ったイメージを植えつけられ批判にさらされてきた女性、これまで光をあてられることの少なかった女性を優先するように努めた。

学ぶべきは女の歴史――。その思いは本書を書き終えた今、いっそう強い。

鹿野政直『婦人・女性・おんな―女性史の問い―』岩波新書
村上信彦『近代史のおんな』大和書房

◆第1章　政治を支えた女たち

山口県教育会編『吉田松陰全集　第十巻』岩波書店
田中彰『吉田松陰　変転する人物像』中公新書
一坂太郎『吉田松陰190歳』青志社
鈴木由紀子『女たちの明治維新』NHK出版
上原善広『日本の路地を旅する』文春文庫
勝海舟『氷川清話』講談社学術文庫
大口勇次郎『勝小吉と勝海舟　「父子鷹」の明治維新』山川出版社
松浦玲『勝海舟』筑摩書房
本馬恭子『大浦慶女伝ノート』私家版
田川永吉『女丈夫　大浦慶女伝』文芸社
石瀧豊美『玄洋社　封印された実像』海鳥社
石瀧豊美『玄洋社発掘　もうひとつの自由民権』西日本新聞社
吉田鞆明『巨人頭山満翁は語る』感山荘
嵯峨隆『頭山満　アジア主義者の実像』ちくま新書
玄洋社社史編纂会『玄洋社社史』書肆心水
永畑道子『凜　近代日本の女魁・高場乱〈新版〉』藤原書店
一坂太郎『高杉晋作　情熱と挑戦の生涯』角川ソフィア文庫
海原徹『高杉晋作　動けば雷電のごとく』ミネルヴァ書房
松尾正人『幕末維新の個性　木戸孝允』吉川弘文館

木戸公傳記編纂所『松菊木戸公傳　上下巻』明治書院
鹿島淑男『新選組実戦史』新人物往来社
瀧井一博『伊藤博文　知の政治家』中公新書
春畝公追頌会編『伊藤博文伝　上中下巻』原書房
伊藤之雄『伊藤博文　近代日本を創った男』講談社学術文庫

◆第2章　運命を切り拓いた女たち

鳥居民『横浜富貴楼　お倉　明治の政治を動かした女』草思社
五世清元延寿太夫述／井口政治編『延壽藝談』三杏書院
長谷川時雨『新編　近代美人伝（上）』岩波文庫
高橋義雄『箒のあと（下）』秋豊園
牧野伸顕『回顧録（上）』中公文庫
最上堯雅『山本小松刀自傳』私家本
浅田勁『海軍料亭　小松物語』かなしん出版
岡義武『山県有朋　明治日本の象徴』岩波文庫
伊藤之雄『山県有朋　愚直な権力者の生涯』文春新書
徳富猪一郎編・山縣有朋公記念事業会『公爵山縣有朋傳　上中下巻』山縣有朋公記念事業会
安藤照『お鯉物語』福永書店
安藤照『續お鯉物語』福永書店
長谷川時雨「一世お鯉」『新編　近代美人伝　上』岩波文庫
伊藤之雄『真実の原敬　維新を超えた宰相』講談社現代新書
伊藤之雄『原敬　外交と政治の理想　上下』講談社選書メチエ
清水唯一朗『原敬「平民宰相」の虚像と実像』中公新書
原奎一郎編『原敬日記』全6巻、福村出版

福田和也『総理の女』新潮新書
上原栄子『新篇　辻の華』時事通信社

◆第3章　天皇家に仕えた女たち

若桑みどり『皇后の肖像』筑摩書房
原武史『皇后考』講談社
小田部雄次『昭憲皇太后・貞明皇后　一筋に誠をもちて仕へなば』ミネルヴァ書房
出雲井晶『エピソードでつづる昭憲皇太后』錦正社
山川三千子『女官　明治宮中出仕の記』講談社学術文庫
筧克彦『神ながらの道』日本公法
原武史『大正天皇』朝日文庫
永畑道子『恋の華・白蓮事件』文春文庫
片野真佐子『皇后の近代』講談社選書メチエ
小田部雄次『梨本宮伊都子妃の日記　皇族妃の見た明治・大正・昭和』小学館文庫
李王垠伝記刊行会『英親王李垠伝　李王朝最後の皇太子』共栄書房
新城道彦『朝鮮王公族 帝国日本の準皇族』中公新書
森山茂徳・原田環編『大韓帝国の保護と併合』東京大学出版会
李方子『流れのままに』啓佑社
渡辺みどり『日韓皇室秘話　李方子妃』中公文庫
小田部雄次『李方子　一韓国人として悔いなく』ミネルヴァ書房
本田節子『朝鮮王朝最後の皇太子妃』文春文庫
愛新覚羅溥傑／丸山昇監訳／金若静訳『溥傑自伝「満州国」皇弟を生きて　改訂新版』河出書房新社
愛新覚羅浩『流転の王妃の昭和史』中公文庫
愛新覚羅溥傑・浩『流転の王妃　愛の書簡』文藝春秋

◆第4章　社会に物申した女たち

相馬黒光『明治初期の三女性　中島湘煙・若松賤子・清水紫琴』厚生閣
横澤清子『自由民権家　中島信行と岸田俊子　自由への闘い』明石書店
鈴木裕子編『岸田俊子評論集』不二出版
西川祐子『花の妹　岸田俊子伝』新潮社
中島湘煙「同胞姉妹に告ぐ」『新日本古典文学大系　明治編23　女性作家集』岩波書店
大本本部監修／伊藤栄蔵『大本教祖伝　出口なお・出口王仁三郎の生涯』天声社
大本七十年史編纂会編『大本七十年史　上下巻』大本
安丸良夫『出口なお　女性教祖と救済思想』岩波現代文庫
川村邦光『出口なお・王仁三郎　世界を水晶の世に致すぞよ』ミネルヴァ書房
田中伸尚『大逆事件　死と生の群像』岩波現代文庫
管野須賀子研究会編『管野須賀子と大逆事件　自由・平等・平和を求めた人びと』せせらぎ出版
飛鳥井雅道『幸徳秋水　直接行動論の源流』中公新書
西尾陽太郎『幸徳秋水』吉川弘文館
『管野須賀子全集1、2、3』弘隆社
清水卯之助『記者・クリスチャン・革命家　管野須賀子の生涯』和泉選書
関口すみ子『管野スガ再考　婦人矯風会から大逆事件へ』発行・白澤社　発売・現代書館
金子ふみ子『獄中手記　何が私をこうさせたか』春秋社
鈴木裕子編『金子文子　わたしはわたし自身を生きる』梨の木舎
金一勉『朴烈』合同出版
小原直『小原直回顧録』中公文庫
山田昭次『金子文子　自己・天皇制国家・朝鮮人』影書房
瀬戸内晴美『余白の春』中公文庫

『羽仁もと子著作集　第一巻　人間篇』婦人之友社
『羽仁もと子著作集　第二、三、四巻　思想しつつ生活しつつ』婦人之友社
『羽仁もと子著作集　第十四巻　半生を語る』婦人之友社
『羽仁もと子著作集　第二十一巻　真理のかがやき』婦人之友社

◆第5章　才能を発露した女たち

宇神幸男『幕末の女医　楠本イネ　シーボルトの娘と家族の肖像』現代書館
山崎光夫『二つの星　横井玉子と佐藤志津　女子美術大学建学への道』講談社
巌本記念会編『若松賤子　不滅の生涯　新装第2巻』日報通信社
山口玲子『とくと我を見たまえ　若松賤子の生涯』新潮社
尾崎るみ『若松賤子　黎明期を駆け抜けた女性』港の人　児童文化研究叢書001
若松賤子・刊行委員会編『若松賤子　不滅の生涯』共栄社出版
小檜山ルイ「若松賤子考――結婚まで――」「フェリス女学院大学キリスト教研究所紀要」
相馬黒光『黙移　相馬黒光自伝』平凡社
宇佐美承『新宿中村屋　相馬黒光』集英社
中島岳志『中村屋のボース　インド独立運動と近代日本のアジア主義』白水社
岩橋邦枝『評伝　長谷川時雨』講談社文芸文庫
長谷川仁　紅野敏郎編『長谷川時雨　人と生涯』ドメス出版
長嶋隆二『政界秘話』平凡社
高岡智照尼『京都祇王寺庵主自伝　花喰鳥　上下』かまくら春秋社
瀬戸内寂聴『女徳』新潮文庫

◆第6章　世界に飛躍した女たち

大庭みな子『津田梅子』朝日文庫
久野明子『鹿鳴館の貴婦人　大山捨松　日本初の女子留学生』中公文庫
一番ヶ瀬康子編・津曲裕次編著『シリーズ　福祉に生きる　石井筆子』大空社
井出孫六『いばら路を知りてささげし　石井筆子の二つの人生』岩波書店
一番ヶ瀬康子・津曲裕次・河尾豊司編『無名の人　石井筆子〝近代〟を問い歴史に埋もれた女性の生涯』ドメス出版
長島要一『明治の国際人・石井筆子　デンマーク女性ヨハンネ・ミュンターとの交流』新評論
山口玲子『女優貞奴』新潮社
川上音二郎・貞奴『自伝　音二郎・貞奴』三一書房
レズリー・ダウナー／木村英明訳『マダム貞奴　世界に舞った芸者』集英社
安保邦彦『二人の天馬　電力王桃介と女優貞奴』花伝社
シュミット村木眞寿美『ミツコと七人の子供たち』河出文庫
シュミット村木眞寿美編訳『クーデンホーフ光子の手記』河出書房新社
木村毅『クーデンホーフ光子伝』鹿島出版会
倉田稔「クーデンホーフ・カレルギー・光子の生涯　ECCの母―世紀末ウィーンを生きた黒い瞳の伯爵夫人」「人文研究　第91輯」
河原操子『カラチン王妃と私　モンゴル民族の心に生きた女性教師』芙蓉書房
福島貞子『日露戦争秘史中の河原操子　伝記・河原操子』大空社
會田勉『川島浪速翁』文粋閣
養父川島浪速秘書　林杢兵衛編『川島芳子手記　川島芳子獄中記』東京一陽社版（復刻　川島芳子記念室設立実行委員会）
穂苅甲子男編著『真実の川島芳子　秘められたる二百首の詩歌』発行・川島芳子記念室設立実行委員会　発売・プラルト

上坂冬子『男装の麗人　川島芳子伝』文藝春秋
園本琴音『孤独の王女　川島芳子』智書房
人見絹枝　織田幹雄・戸田純編『人見絹枝　炎のスプリンター』日本図書センター
小原敏彦『ＫＩＮＵＥは走る　忘れられた孤独のメダリスト』健康ジャーナル社

写真提供　P61　山縣有朋記念館
P74　原敬記念館
P164　女子美術大学歴史資料室
P204　滝乃川学園

本書は月刊誌『選択』で2017年4月号から始まり、
現在も継続中の連載「をんな千一夜」から筆者が選び、
加筆・修正して書籍化しました。